Un poco de orden

Un poco de orden

Reseñas de poesía española
(2014-2024)

Arturo Tendero

MARESÍA

Pie de Página

Título original: *Un poco de orden. Reseñas de poesía española (2014-2024)*
Primera edición, 2025

© Arturo Tendero
© Diseño de cubierta: Amanda Tendero Hernández
© Diseño y maquetación de interior: Marta Vega

Depósito legal: M-7376-2025
ISBN: 978-84-129947-0-4

Impreso de forma cariñosa en España.

Índice

Ordenar qué

En el verano de 2024 decidí dejar de escribir reseñas de libros de poesía.

Llevaba diez años publicándolas, sin pausa ni descanso, a razón de una por semana, sin levantar la cabeza como quien dice. El frenazo fue tan brusco que me sentí vacío, como si la inercia continuase la tarea sin mí. La primera tentación que uno tiene cuando interrumpe un proyecto es mirar hacia atrás. Al hacerlo, me quedé boquiabierto. Se habían acumulado en torno a 700 reseñas. Las primeras habían aparecido los domingos en la página 2 del diario *La Tribuna de Albacete*, enseguida se acomodaron en el blog *El mundanal ruido* y más tarde se fueron condensando el último jueves de cada mes en «Los Diablos Azules», el suplemento cultural del diario *InfoLibre*.

Tras asimilar que estaba libre, sin la obligación de buscar un nuevo poemario para sacarle la sustancia y convertirla en reseña, sentí un gran alivio. Me había estado costando cada vez más trabajo llegar a tiempo a la cita semanal. En la última época llegaba a explorar hasta diez poemarios antes de dar con uno que encajase con mis gustos. Pero a veces no llegaba el elegido, o llegaba por los pelos, lo que me provocaba una tensión interior, casi secreta, aunque tensión al fin y a la postre. Una tensión que yo mismo me imponía y que tal vez por eso empezaba a convertirse en molesta. Durante las semanas y meses que siguieron a mi decisión de parar, el alivio fue abriéndole paso a la inquietud. No había reparado en ello, pero había ido acumulando tal saturación de poesía que ahora me resultaba muy costoso leer e incluso abrir un libro de poemas.

Pero no me bastaba con cerrar el proyecto, había que ponerle un cerrojo adecuado y echar la llave y para ello tenía que sobreponerme. En concreto, me comprometí a poner orden en el montón de reseñas que se habían acumulado y espigar un número razonable de ellas para reunirlas en un libro. Así dejaría constancia física de mi balance personal como lector durante la década comprendida entre los años 2014 y 2024, en la que había perseguido y examinado todas las novedades editoriales de poesía española que fueron cayendo en mis manos.

En cuanto me apliqué a la tarea, volvieron las inseguridades. Por muy meticuloso que hubiese sido mi trabajo (que lo fue) era imposible haber abarcado, ni por aproximación, la avalancha de libros de poesía que se publican cada año. Seguro que se me había escapado sin explorar un número razonable, incontrolable y quién sabe si significativo de poemarios. Se descartaba así, se descarta, que sea este un trabajo exhaustivo, a pesar de mis esfuerzos por imprimirle esa apariencia.

Aparte de la inabarcable acumulación, hay otros factores que dificultan la tarea. Los más limitadores son la dinámica de las grandes editoriales de imponer por aplastamiento sus autores y sus libros, procurando que confundamos publicidad con calidad. También el *star system* imperante que atribuye a autores renombrados una infalibilidad que no resiste una lectura atenta y a veces ni siquiera una ojeada desatenta. Tanto la publicidad como el *star system* logran sus propósitos porque vivimos en un mundo que idolatra al personaje y lo vincula con sus obras de una forma inocente y acrítica, convenciéndose por efusión de que la obra es válida, incluso magistral, solo porque el personaje goza de fama y relevancia. Y no hablo solo de los poetas de las redes sociales, aunque también.

Observó T. S. Eliot que todo lector de poesía es un lector imperfecto. Hay que darle la razón. Hay que aceptar que uno tiene sus gustos personales y que tampoco puede evitar que el entorno y los círculos más próximos le influyan hasta hacerle confundir a veces churras con merinas. Como poetas y como lectores de poesía, trabajamos con emociones, que son un material sinuoso y sumamente volátil.

Para terminar de dejar las cosas claras, adelanto que soy un lector que aprecia sobre todo la autenticidad, especialmente si fluye embarcada en un ritmo. Y advierto que para emocionarme no necesito entender lo que leo, aunque, eso sí, me resulta imprescindible que haya «verdad» en lo que leo. Y esta es una sustancia tan etérea que pertenece al mundo de la intuición más que de la razón: si detecto que el autor está fingiendo o engolando la voz, desisto.

Estos tiempos revueltos en los que nos movemos han convertido en habitual la proliferación de un tipo de poesía que yo llamo «masturbatoria» porque en ella el poeta expele versos y se despreocupa por completo de los mecanismos que puedan canalizar su poema hacia el lector. No aporta un hilo conductor, solo palabras o frases, tal como brotan, a veces incluso expuestas de forma aleatoria. Quizás podrían considerarse desde el prisma de la música, no desde la poesía. Para ser arte abstracto, convendría que se ajustasen a las normas de la tradición plástica. Para ser poesía, tendrían que aprovechar las herramientas que ha ido elaborando y puliendo la tradición, desde los poetas arcaicos hasta nuestro presente, para conseguir precisamente, poco a poco, mediante ensayo y error, que la poesía lírica emocione, que es su verdadero propósito. Saltarse esta acumulación de saber, escribir sin tenerlo en cuenta, es adanismo, y tropieza en errores que hace mucho tiempo que la tradición viene esquivando.

Tampoco me interesan los poemas que necesitan que «un experto» explique cómo funcionan (demostrándonos de paso su excelsa sabiduría). Soy de los lectores simples que solo le piden al poema que les guste cuando lo leen, sin esfuerzos espurios y sin mediación de supuestos intermediarios, y mucho menos de gurús. Desconfío, pues, de esos autores que vienen catalogados con la vitola de «no hacer concesiones al lector».

Circula en YouTube una entrevista a Orson Welles filmada en París en 1960. En ella, el cineasta admite abiertamente que contrató amigos para que interpretasen papeles en sus películas, a sabiendas de que eran actores limitados y de que lastraron el resultado final de los filmes. Ante la insistencia del entrevistador, y sin pestañear, Welles asegura que volvería a contratarlos, porque él se considera, más que un artista, una especie de aventurero que aprecia más la amistad que el arte.

Escucho estas declaraciones con una mezcla de envidia y de orgullo. A menudo en estos años he optado por obviar libros que me enviaban los amigos, porque me parecía que no tenían calidad suficiente y sentía que mi deber de reseñista se debía a mis lectores, la mayoría anónimos, a los que sin embargo no podía proponerles un libro que a mí no me gustase porque hubiera sido engañarlos y abrir con ello el camino del fin, tal vez no de su credibilidad, pero sí de la mía.

Esta lucha contra el impulso de la amistad ha sido uno de los mecanismos que más me han desgastado y que más han influido en que termine interrumpiendo las reseñas. No me cabe la menor duda de que mi pertinacia ha enfriado relaciones, casi siempre de forma silenciosa. Al fin y al cabo, la tendencia de la sociedad en que vivimos está abrumadoramente más del lado de Welles que del mío. Precisamente este derrotero ha ido convirtiendo la crítica, que debería ser de utilidad pública, en simple agasajo entre amigos (cuando no en elogio muy bien pagado) y ha ido desdibujando el criterio que distinguía lo bueno de lo malo, hasta dejarnos extraviados en el lodazal del «todo vale». La Universidad («la nueva clerecía», como la define jocosamente el editor Abelardo Linares) debería ser el último baluarte del criterio y no obstante es la que más contribuye a corromperlo con su compadreo endogámico.

Dejando atrás las consideraciones más o menos morales y abordando la metodología que he seguido, quiero señalar que he limitado mi resumen a libros de autores españoles aparecidos entre 2014 y 2024, prescindiendo de extranjeros, por mucho que fuesen de mi gusto y deleite. Había que acotar. Me he impuesto también no seleccionar más que un libro de cada autor, a pesar de que en bastantes casos he reseñado otros en este mismo arco temporal. Los cito, eso sí, al pie del artículo. Me he impuesto esta restricción a sabiendas de que algunos de estos otros libros hubieran merecido encajar en una selección completamente objetiva. Como tenía que elegir, porque un espacio que no se aquilata termina convirtiéndolo todo en dispersión, he optado por abrir el abanico de autores para ofrecer una perspectiva más amplia.

Entre los libros de cada poeta, me he inclinado por la reseña del que más me gustaba, si no existía una antología de su obra más reciente. En muy pocos casos he incluido obras completas, y casi siempre porque eran de autores fallecidos. El género de las «obras completas» lo dejo para exégetas e investigadores. Los lectores de degustación agradecemos que alguien nos facilite un número abarcable de piezas, espigadas de la hojarasca que constituye la obra reunida de cualquier poeta, incluso los mejores.

Entiendo que muchas veces uno se aventura a examinar un libro como el presente más para confirmar lo que ya conoce que para descubrir algo nuevo. También, claro, para comprobar si aparece su nombre mencionado. Solo acierto a confesarle que, cuando adopto el rol de reseñista, hablo solo de libros que me gustan. Eludo hacer críticas negativas. La crítica negativa, en todo caso, sería la omisión. El objetivo (mi objetivo) es guiar a los lectores hacia libros que puedan interesarles, no enemistarme con autores que confundan lo literario con lo personal y menos aún ofrecer carnaza para la polémica.

Puede darse el caso de que algún poeta de mi gusto no haya publicado libros durante la década que abarca la recopilación, que haya publicado algún libro que en ese momento no me encajase, que lo que no me gustase fuese mi propia reseña y por eso la haya retirado, o incluso que el libro quedase en su momento fuera de mi radar, que, como he dicho antes, es limitado y falible. Si alguien no se encuentra, puede elegir cualquiera de estas razones para conformarse y lo más seguro es que acierte. En todo caso, admito mi responsabilidad y le ofrezco mis disculpas.

Yo mismo soy también poeta, pero no tengo por costumbre reseñar mis propios libros. Por supuesto que en general me siento satisfecho de ellos, pero no me puedo desdoblar para contrastar su valor con suficiente perspectiva desde el crítico que también soy. Ante la duda, renuncio. Si alguien siente curiosidad por esa faceta, encontrará en mi biografía los títulos de mis poemarios.

Por último, el lector avisado se preguntará cómo es posible que haya tenido acceso a tantos libros sin arruinarme y sin tener que salirme de mi casa porque no quedase en ella un solo hueco habitable. Es obvio que, sin tenerlos puntualmente a mano, sin esa materia prima, me hubiera resultado imposible elaborar reseñas al imbatible ritmo de una por semana. Bastantes ejemplares me los enviaron generosamente sus autores, aceptando siempre mi advertencia de que los acogía sin comprometerme a reseñarlos. Algunos editores también respondieron en cuanto se los solicité. Y si no lo hice con más frecuencia fue porque con los editores me sentía más comprometido a escribir una reseña a cambio del envío, y no me convenía atarme antes de haber leído el libro. La pescadilla que se muerde la cola. Finalmente, lo que me facilitó la tarea hasta convertirla en un placer fue un buen acuerdo con un buen librero. Sabedor de mi compromiso, Ángel Collado me franqueó sin límites la mesa de novedades de su Popular Libros, prestándome los ejemplares que necesitara para que pudiera leerlos y tomar notas de ellos sin tener que apurarme.

Al final he reunido 118 reseñas. El orden que he propuesto ha sido el alfabético de nombres de autores. No existe ninguna categorización de calidad ni de gusto que atienda al lugar que ocupan las reseñas en la presente selección. Si alguien se fija en cuáles son las editoriales más citadas o qué porcentaje de mujeres aparecen, tiene todo el derecho, pero se está fijando en cosas que yo no tuve en cuenta al elegir los libros que más me gustaron.

Reseñas, por orden alfabético de autores

ADA SALAS: *DESCENDIMIENTO*
Pre-Textos, Valencia, 2018

«No repares en qué / parecen esas bocas / —ni siquiera en lo que / tú piensas / que articulan—. Entra hasta / su estómago. Deja / que te digieran. Hazte carne en su carne / sé / lo que quieren decir».

Como esos apasionados que se sientan durante horas ante un cuadro del Museo del Prado, Ada Salas (Cáceres, 1965) ha estado observando una pintura hasta fundirse con ella, disolverse y destilar sus emociones en un poemario que se titula igual que el cuadro: *Descendimiento*. Se trata de una tabla en la que Rogier van der Weyden interpretó cómo bajaban de la cruz el cadáver de Cristo. Nueve personajes se apiñan alrededor de la figura desmadejada del crucificado. La que más llama la atención es la Virgen María, que se ha desvanecido. «Nadie mira hacia nadie. / Todos los ojos son / el ensimismamiento. No hay quien mire / de frente / hacia el dolor del otro…/ (…) De repente el dolor. Estamos todos / muertos. Ninguno de nosotros / ya es / una persona».

El libro incluye una fotografía en blanco y negro de la pintura, pero remite a la página web de la pinacoteca si se quiere apreciar la tabla en una reproducción más fidedigna. Van der Weyden la realizó antes de 1443. Ada Salas juega con la superposición de tiempos y de muertes: la de los personajes que aparecen, la del oscuro pintor flamenco que catorce siglos después los interpretó, la de la propia Ada Salas, la de sus lectores actuales y futuros, todos unidos en la contemplación: «Y ahora preguntamos / quién / nos hizo personajes de este drama. Un poco / de piedad. El canto de algún mirlo el sol / de Galilea». La contemplación sirve como estímulo. Salas avanza tanteando con versos quebrados y tajantes que se encabalgan y conducen a conclusiones dolorosas: «la muerte nos aleja, la muerte no es humana»; o, en otro momento: «lo que más me obsesiona es tanta soledad».

A veces, la poeta levanta la cabeza y su vida cotidiana entra en el juego: «llegaron / las heladas y no había / protegido mis plantas». La vida que prosigue y consuela: «Quién se atreve a decir que todo está cumplido. // Cuando va a anochecer/ los vencejos inundan esta sala / vacía».

En *El mundanal ruido* también aparecieron reseñas de los libros *Arqueologías* y *Limbo y otros poemas*, de la misma autora.

ARTURO TENDERO

AGUSTÍN PÉREZ LEAL: *TÚ ME MUEVES*
Pre-Textos, Valencia, 2016

«Alta brisa del sol, sagrado ahora / posado sobre el alma del aceite».

La poesía de Agustín Pérez Leal (Teruel, 1965) se dirige casi siempre en este libro a un interlocutor que a veces es la lluvia, otras un girasol, una calandria, la luz en varias ocasiones. En cada poema va cambiando el objeto de sus apelaciones, pero enseguida vemos que al otro lado siempre está la naturaleza en sus infinitas formas. Naturaleza a la que pertenecen también exaltaciones del ánimo, como la propia alegría. Naturaleza de la que forma parte, por supuesto, el amor.

Apela en sus versos, pero no siempre espera una respuesta, o al menos no dentro del poema; el suspense que propone la pregunta es el objeto mismo de los versos, como cuando le dice al agua: «Ven y mírame siempre; / considérame parte / de tu ajuar, de tu dote», o le dice al paisaje: «Descansa, mundo, mientras / hila otra aurora el viento de la noche», o le dice al amor: «Tú cumple tu camino, / yo voy a estar aquí / los ojos puestos / en lograr que me mires».

Desde el título, tomado de un soneto anónimo del siglo XVI, «A Cristo crucificado», el libro nos plantea una inmersión mística, eso sí revisada, panteísta, moderna. En cualquier caso, para ponernos en situación, alimenta la atmósfera con ecos de versos teresianos bien renovados («Mirar y morir / son uno mismo», «sé que seré callado por oír»), o sanjuanistas («Tengo el mundo en la punta de la lengua / y no sé bien si lo sabré decir»). A veces propone saltos que requieren del lector un esfuerzo de complicidad, como cuando explica que un tordo se posa en un granado y luego echa a volar; el final del poema («granados brotarán, / quién sabe dónde») sugiere que el tordo difundirá la semilla del granado, pero se trata de una asociación no explícita, enigmática.

A medida que avanzamos en el poemario, el interlocutor va integrándose en la naturaleza y disolviéndose en ella («En este mundo estoy. / Recién regado») o («Nunca tuve raíces. / Me acuna el aire»), para acabar desdoblándose y apelándose a sí mismo en tercera persona, ya libre de ataduras, en un éxtasis final: «Ven y baja. Regresa / al amor, a la infancia, / al sin ti, tu certeza».

ALEJANDRO DUQUE AMUSCO: *UN ÚNICO CORAZÓN*

Pre-Textos, Valencia, 2022

«El camino a la fuente se recorre / sólo por no olvidar / la eterna canción del agua».

Alejandro Duque Amusco (1949), sevillano afincado en Barcelona, cree que los poetas «si para algo estamos, es para dar a hombres y mujeres la conciencia de un destino común. Porque la poesía es una hermosa fraternidad que nos concierne a todos». De ahí ese único corazón, que toma de Aleixandre y que sirve de título al poemario.

Aunque el libro está dividido en cuatro partes, la elegía lo surca de principio a fin: por un lado, «todo está en otro sitio, / allá en el pozo donde duerme el agua. / (...) La vida huyó de mí y no la alcanzo». Por otro, «todo pasó, espectral y confuso. El tiempo es una lluvia de luz y de cenizas». En versos lánguidos y pausados, el poeta nos va situando en su aquí y su ahora que, a pesar de ese peso del destino, están descritos y vividos con sensualidad, apurando los detalles, con lo que por momentos logran que nos olvidemos de la pesadumbre que refieren.

En la segunda parte es el amor quien aparece irónico y bromista y aquí el tono se vuelve epigramático, más directo y con finales contrapuntísticos que alcanzan su cumbre en la versión de aquel poema en el que John Donne se aferraba a la carne como a la única salvación posible: «dame tu cuerpo, pues un cuerpo quiere tan solo ser un cuerpo y nada más, / unido por el nervio de la dicha / a la vida, al deseo, a la inocencia».

Aunque invoque a ese único corazón que compartimos, Duque Amusco no creyó nunca que «los que aquí quedamos / fuéramos el consuelo de los que ya se han ido». Como para confirmar con hechos ese destino común que estamos compartiendo, en el último capítulo del libro rinde homenaje a algunos personajes a los que nos acerca casi hasta conseguir que los oigamos respirar, como Vicente Aleixandre o Cesare Pavese o una alumna aventajada llamada Jana, o un soldado alemán casi anónimo, pero también músicos como Claudio Abbado o Silvia Pérez Cruz. «Nadie es de ningún sitio. / Nada nos ata salvo la memoria», dice en algún momento, en uno de esos finales suyos que quedan resonando en el aire.

En *El mundanal ruido* también aparecieron reseñas de los libros *Escritura de estío* y *Noche escrita*, del mismo autor.

ARTURO TENDERO

ALFONSO BREZMES: *LA VIDA EN EL AIRE*
Renacimiento, Sevilla, 2023

«La vi pasar / entre dos parpadeos / del faro. // Era la vida, / es decir todo / lo que no puede verse».

A Alfonso Brezmes (Madrid, 1966) le gusta jugar con las contradicciones existenciales: «Tenemos por delante pocas horas, / no conocemos cuántas y es hermoso / que así sea». Como hacía en su anterior libro, *Es tiempo* (La Garúa, 2022), usa estas contradicciones para explicarse el mundo, y antes que nada para explicarse a sí mismo: «Soy, aunque no sepa decirme / y ese es mi callado consuelo». Fiel a su estilo, no se busca tratando de afirmarse, sino negándose: «todo lo que tacho habla de mí / lo que digo me desdice». Se busca cuando no está: «aprendo de mi ausencia, / de cuando yo no estoy, / igual que el pájaro canta / por puro olvido de sí».

Las fotografías le son muy útiles porque recogen un instante y lo mantienen vivo cuando ya no estamos, con lo que se adelantan a la pérdida: «la eternidad dura un segundo, / lo justo para estar en una foto / que otros mirarán un día». Las fotografías también nos remiten al pasado: «esa última foto que nos toman / hecha de todos los que fuimos».

Consciente o inconscientemente, Brezmes usa mucho el eneasílabo, que es un verso de cierta inestabilidad, para dar más énfasis a ese andar sobre la cuerda floja de las certezas, su tema favorito, patente en el título del libro y en la sugerente imagen de la portada. Y sin embargo, aunque mucho menos que en el libro anterior, valora la poesía como herramienta útil para atrapar esa realidad delicuescente: «Habrá que ponerse a escribir / y apuntalar de nuevo el mundo / antes de que todos despierten / y no tengan donde agarrarse». Una herramienta que ofrece equilibrio: «así mi oscuridad, como el olivo / que sigue en pie tras la descarga / e ilumina la noche tras el rayo». Al fin y al cabo, no considera que la fragilidad y la fugacidad del mundo sean factores negativos, sino que están ahí precisamente para potenciar nuestro disfrute: «si la belleza brilla es por su ausencia, / igual que las estrellas en la noche / nacen y arden, y explotan y se extinguen / solo para que las veamos».

En *El mundanal ruido* también apareció reseña del libro *Es tiempo*, del mismo autor.

ARTURO TENDERO

Ana Garrido Padilla: *El ruido transparente*

Grupo Enuno, Albacete, 2023

«Para la oscuridad, el aire es frágil / como un hilo de seda, / como la oscilación de los papiros / en las proximidades / de la piedra imantada».

La madrileña Ana Garrido Padilla (1966) se asoma al paisaje subrayando los matices que diferencian y permiten reconocer una mañana entre todas las mañanas o un crepúsculo en la sucesión de crepúsculos. Desde el título, vemos que la sinestesia es su herramienta más habitual. Sigue las huellas de los primeros poemarios de Julio Llamazares o los de Basilio Sánchez. Los seres vivos quedan en segundo plano: «la tormenta reposa más allá de las aves», o cruzan ante nosotros «los ojos trashumantes de los perros».

La persona que nos habla se mantiene también fuera de escena, observando. Como mucho, las manos aparecen para certificar que la luz «tiene tacto de mármol» o para reconocer «la tierra prometida más allá del paisaje». A menudo reina un frío oscuro que cuaja en una silueta, caen hojas incluso sobre la arena, se suceden amaneceres enigmáticos, siempre lejanos, heridos por un enebro o un olivo, que pueden reflejarse en la superficie del agua. Ni siquiera el agua fluye. Siempre aparece quieta, rizándose, reflejando lo que la rodea. Reina por doquier una naturaleza viva, pero lenta y decadente.

Y, cuando los poemas rozan la figura humana, acaban reconociendo que «detrás de la ventana hay un pueblo vacío, / una luna vacía / que se dobla a lo lejos». Porque los humanos están, pero no están, «en el tiempo baldío, // juntos en la quietud de las plegarias», «cuando todo está inmóvil, / cuando nada parece necesario». Como mucho, «entre dos soledades siempre existe / algún paso a nivel para la vida». El marco de los poemas es amenazador: unas veces es «el cielo culpable», otras una luna rojiza que «astilla el aire». En el último poema, «Todo está consumado», muy breve, de dos versos, la poeta ofrece un sentido para esta atmósfera mórbida en la que nos hemos paseado: «Detrás de la materia se adivina / nuestra antigua inocencia». Con este libro, Ana Garrido Padilla ganó el premio Barcarola en su 32.ª edición.

ARTURO TENDERO

Ana Martínez Castillo: *Bajo la sombra del árbol en llamas*
La Isla de Siltolá, Sevilla, 2016

Hay un surrealismo que parece brotar siempre de *Residencia en la tierra* de Neruda y de *Poeta en Nueva York* de Lorca, que fueron libros de cabecera de la Blanca Andreu de *De una niña de provincias que se vino a vivir en un Chagall*. Ahí, con los mestizajes actualizadores, han mamado casi todos los neosurrealistas españoles que han venido después y han merecido la pena.

Ahí bebe también Ana Martínez Castillo (Albacete, 1978), que, además de las imágenes de los citados, reivindica a Alejandra Pizarnik y la extrañeza, el factor inquietante del subconsciente. El título *Bajo la sombra del árbol en llamas* es en realidad ella misma, según confiesa. De este modo enigmático y desconcertante la describió hace muchos años una conocida y con ello prendió el incendio que ahora viene ardiendo a nuestras manos en la colección Tierra de la editorial La Isla de Siltolá. Se trata por lo tanto de un poemario que persigue capturar la propia identidad, el gran tema de la poesía desde Borges.

Cada pieza es una búsqueda en los laberintos interiores, porque todos los paisajes y todos los seres que aparecen descritos son trasuntos de la autora, que finge ser y finge buscarse y finge no encontrarse, como por otra parte es coherente con otra de las líneas inmortales de la lírica, la del Pessoa de «El poeta es un fingidor». Ana Martínez sigue las pistas «porque la vida se reduce a ordenar / los límites desordenados / del mundo, / a no volver a preguntarte / por qué los otros pueden / ser imperfectos / y tú no». Como la Alicia de Carroll, se enrosca, busca un hueco, se expande y se reduce, siendo ella y la otra al mismo tiempo, desdoblándose en los personajes de la imaginación, que nunca dejan de ser ella misma: «ser uno de los seres que habitan la madera, diáfanos, aniquilados y verdosos…».

Esa huida constante del espejo, esa acumulación de imágenes «es el placer, sencillo y tímido / de no reconocerme». Y sin embargo, y no por llevarle la contraria, yo me emociono más cuando más la encuentro, ya como madre vigilante del sueño de su hija en «Vigilia», ya en el estremecedor homenaje a su tía en «Era». Aunque tengan sabor sus «palabras / como un veneno a media noche».

En *El mundanal ruido* también aparecieron reseñas de los libros *La danza de la vieja*, *De lo terrible* y *Me vestirán con cenizas*, de la misma autora.

ARTURO TENDERO

ANA PÉREZ CAÑAMARES: *FRICCIÓN*
Bartleby, Madrid, 2022

«Escribo palabras como barandillas. / Me asomo desde ellas y no me caigo».

Ana Pérez Cañamares nació en Santa Cruz de Tenerife (1968), pero ha vivido siempre en Madrid. Ahora saca en Bartleby una selección de sus poemas decantados desde nueve libros diferentes. La antología tiene la virtud de no ser prolija y sin embargo representar lo que ha sido hasta la fecha la escritura de la poeta.

Alberto García-Teresa, en un prólogo atento y pormenorizado, enumera los temas más recurrentes encabezándolos con un poema que vale por una divisa: «Escribo sobre mí / porque yo / soy cualquiera». Dice García-Teresa que la autora maneja el tono confesional que caracteriza a mujeres poetas estadounidenses como Sharon Olds o Anne Sexton entre otras. Las relaciones familiares juegan un papel importante en una trayectoria donde abundan incursiones en la poesía social, sobre todo contra el capitalismo, que invade hasta lo más íntimo: «Para decir adiós / he tenido que arrancarme / las cláusulas a tiras. / Así ha sido / una y otra vez. / Con cada persona / cada casa / cada ciudad».

Pérez Cañamares enciende la metáfora para alcanzar lo innombrable. Así, cada vez que piensa en su padre «es domingo por la mañana»; cuando su madre tendía las sábanas sobre las matas de romero «las mariposas se elevaban / como pavesas azules»; siente que ella misma como madre fue intérprete de sueños, hada madrina y hasta Sherezade ahuyentadora de miedos. A su pareja le dice: «me tocas como lee / un ciego el Quijote». Desafía siempre ese punto de contradicción, de incomunicación insalvable, recurriendo al ser que compartimos: «yo no soy solo yo. Os he engañado».

Cada vez más comprensiva con el mundo, la poeta afirma que Dios pertenece a las ruinas estériles, y que entre lo desconocido y nosotros hay un haz de luz «como lo hubo entre Dios y los santos medievales». Descubre en el amor la parte animal que nos iguala: «todas las perras que en el mundo han sido / venimos esta noche a tu ventana». Y prefiere tender puentes que juntar quejas: «por no añadir más culpa a la matanza / no juzgo ni sentencio a nuestra especie. / Me arranco la voz, acaricio perros».

Andrés García Cerdán: *Grunge (Poesía 1997-2022)*

Reino de Cordelia, Madrid, 2022

«Ajeno a la inmortalidad, / vistes de negro y fumas. / Este es tu retrato ecuestre: / cabalgando a lomos del humo, / en las volutas yéndote / al cielo».

Andrés García Cerdán (Fuente-Álamo, Albacete, 1972) es rockero activo con The Rimbaud Company al mismo tiempo que poeta y profesor de Literatura. Un multifacético que no reniega de las mezclas, como indica a las claras el nombre del grupo en el que toca. En la antología poética que acaba de publicar en Reino de Cordelia, recorre el camino contrario: la ha titulado *Grunge* y ha espigado en ella los poemas más guitarreros de su cosecha, que ya es cuantiosa.

Cabalgando en esta música, Cerdán es un poeta épico que describe, narra, se deja ir y siempre está buscando arder: «nosotros aprendimos a no pedir perdón, / a no tenerle miedo al ruido, / a revolcarnos en el suelo eléctrico. / Y aprendimos a enloquecer con calma / y a amar a aquella chica rubia / que —como todo— aún estaba por llegar / y ya se había ido».

En su afán, el poeta unas veces se dirige a las multitudes como un émulo de Allen Ginsberg, otras se detiene a consolar al tipo que sale del bar al amanecer con los oídos zumbándole por la vibración de los altavoces, un tipo que seguramente sea él mismo, siempre caminando entre dos luces, bajo una lluvia incómoda, siempre tratando de disolverse en el nirvana del ruido, de rallarse para no pensar, para solo sentir, mientras arde: «la música que para mí escriben los buitres / estalla en la otra orilla. // Una luz cegadora hay más allá —lo sé—, / y yo, que soy un espejismo, / me entrego a un espejismo».

Para encauzar los versos necesita un interlocutor, ya sea un *alter ego*, cualquiera de sus ídolos, algún colega o un amor de paso. En algunos momentos se acerca peligrosamente al límite, como en «Bañeras», que es casi una apología del suicidio. Sin embargo, el personaje extremado que parece moverse continuamente al borde del abismo, en realidad se está aferrando a su pose de rockero, a la estética de su maldición, que es la que lo sostiene: «ser un evangelista, pescador / de hombres por las sendas nunca holladas / de cualquier fe».

En *El mundanal ruido* también aparecieron reseñas de los libros *Barbarie*, *Puntos de no retorno*, *Defensa de las excepciones* y *Equipos de respiración subacuática*, del mismo autor.

Arturo Tendero

Andrés Ortiz Tafur: *Traigo noche en los zapatos*
La Isla de Siltolá, Sevilla, 2023

«Porque sin eso, sin querer, / todo este melodrama no vale la pena, / languidece».

Traigo noche en los zapatos es el segundo poemario de Andrés Ortiz Tafur (Linares, 1972), que hasta ahora había frecuentado mucho más el relato y el articulismo. En este libro encontramos sobre todo dos tipos de poemas: los breves de estructura epigramática y otros más largos y sinuosos que corresponden a monólogos del propio autor o incluso a monólogos dramáticos atribuidos a otros personajes. En esta segunda veta el autor se deja ir por una sucesión de acontecimientos cotidianos en un tono narrativo que tiene algo de la desolación de Bukowski, pero en limpio. A menudo utiliza incluso herramientas del relato.

Los poemas epigramáticos, en cambio, son mucho más comprimidos. Reflexionan sobre la vida, condicionada por una ruptura sentimental, y lo hacen con una sensatez muy senequista: «Solo descubres que estás en guerra / cuando alguien te pide la paz». A esta colección pertenecen piezas como «De campo», «Hombre de piedra» o «Con su paso», que para mi gusto están entre los más logrados del libro: «… si algo nos enseña la vida / —con su paso— / es justamente a no saber vivir / a confundir ocho con ochenta, / un Mercedes con un beso». Parten estos poemas de alguien que se sienta y mira y decide que para poner los sentimientos en su sitio hay que recurrir al matiz: «Mi problema no es que no te quiera. / Es otra cosa distinta que pasa por ahí, / como el agua que solidifica y enfría las bebidas: / imprescindible, pero sin una importancia manifiesta, / porque se da por hecho».

En la misma línea, «la soledad ya estaba ahí», «no hay paz en la costumbre» o el poeta descubre que su verdadera y única patria es la casa donde vivió con sus padres, y lo verifica cuando ellos han muerto: «descubrir que mi bandera nunca salió de su casa». La culpa por la ausencia del amor revolotea con elegancia y la mejor manera de hablar con un amigo fallecido es callar y que sea el paisaje el que describa lo que sentimos («anoche escuchamos el silencio»). El mejor Ortiz Tafur se define con la voz rasgada: «me prefiero roto, cantando».

ARTURO TENDERO

Andrés Trapiello: *La fuente del encanto*

Vandalia, Sevilla, 2021

«No me importa, poema, quién te escriba, / ni cuándo ni en qué sitio / ni si no fuera yo».

Andrés Trapiello (Manzaneda de Torío, 1953) es un escritor prolífico y distinto, autor de una obra extensa y variada en casi todos los géneros, lo que no le ha impedido preservar su condición de poeta. Y esto no es habitual en los prosistas, que suelen ser considerados poetas de ocasión o de capricho. Trapiello lleva más de 25 capítulos de su diario novelado *El salón de los pasos perdidos*, y sin embargo está últimamente hurgando más atrás en su biografía, haciendo balance de su infancia y adolescencia. Lo hizo el año pasado con *Madrid* (Destino, 2020) y lo hace ahora con *La fuente del encanto* (Vandalia), que es una antología poética aderezada con recuerdos, reflexiones y devociones: «El contexto puede arrojar sobre el poema una luz que le ayude a revelarse».

El resultado es un libro que contiene varios libros distintos, porque buena parte, sobre todo la primera mitad, es literatura autobiográfica que nos acerca a parajes y episodios castellanos y familiares; los poemas afloran como anécdotas secundarias de una narración absorbente («lo mejor de la juventud es que va uno de asombro en asombro sin tener que avergonzarse de nada, pues todavía no ha tenido uno tiempo de llegar tarde a ninguna parte y los desencantos son sustituidos de inmediato por nuevos entusiasmos»).

A medida que avanza el libro, decrece la narración y ganan en importancia las reflexiones y la mención a maestros como Machado, Unamuno y sobre todo Juan Ramón Jiménez, por quien Trapiello reconoce predilección. Los poemas aparecen menos aislados y son más numerosos y notables. Al final se arraciman y las aclaraciones narrativas van perdiendo espesura. Espero que ese cambio de ritmo no impida al lector disfrutar piezas como «E.D.», «Mesa» o «Reflejo», por citar tan solo tres de las emblemáticas de un poeta que es ante todo poeta, aunque cultive con aplicación y provecho otros géneros. «Pasó la juventud. / Nos queda por vivir todo ese tiempo / que llaman plenitud. / Disponte a ser feliz. Va a ser muy duro».

Ángel Aguilar Bañón: *Tanta luz sobre los árboles*
La Garúa, Barcelona, 2023

«Un túnel / y otra vez el sol, las nubes / los campos de amapolas».

Ángel Aguilar (Caudete, 1958) es un poeta reservado. Tiene cinco poemarios publicados, todos ellos en editoriales de poca o ninguna proyección. Él mismo ha preferido que los últimos tuvieran una apariencia circunstancial: *Qué fea es mi hermana* y *Luisa* son sus últimos títulos, que ni siquiera cita en la solapa del recién aparecido. Desde hace varias décadas cultiva el haiku y ha figurado en distintas antologías, algunas muy prestigiosas. No obstante, tampoco había publicado hasta la fecha un libro exento en este género tan particular. Ahora por fin aparece, de la mano de La Garúa, este *Tanta luz sobre los árboles*, que cabe en una mano y que sin embargo, al abrirlo, explota con la silenciosa explosión del haiku canónico, el que se ciñe a lo que captan los sentidos, sin aliñarlos con imágenes o metáforas mentales.

Aguilar, que en sus poemas convencionales también tiende a la fusión con la naturaleza y a la celebración de la luz en el paisaje, ha encontrado en el haiku un instrumento propicio. Y, siendo un libro que contempla lo que ocurre, es sin embargo un libro clamorosamente otoñal: «otro otoño / pisando hojas caídas / ¿cuántos más?». Cuanto más permanece el poeta atento a lo que ocurre, más se inclina su atención a los signos de la decadencia: «cementerio / de tumba en tumba / el saltamontes». La visión más frecuente es la de las hojas caídas, unas veces porque se desprenden de los álamos sobre su reflejo en el río, otras porque es fiesta y nadie las barre, e incluso caen sobre el bebé que está mamando, lo que introduce una luz repentina.

Este afán por que siempre haya un contrapunto luminoso o esperanzador es una constante. Las hojas del pino caído siguen verdes y hasta cuando «anochece / entra en la casa / una hoja seca», con algo de aparición misteriosa. Hay otros muchos temas en este volumen, grande en su pequeñez, que en algún momento se asoma al solsticio: «el vaho / ¿es de mi cuerpo o del río? / primer día de invierno». También hay mucha vida cotidiana en la que de pronto destella la sorpresa si uno está preparado para cazarla: «de madrugada / doblando calcetines / el sonido del frigo».

ÁNGEL GUINDA: *LOS DESLUMBRAMIENTOS*
Olifante, Zaragoza, 2020

«¡Escribe como una sacudida! / (…) / ¡Aunque
sea sobre agua escribe fuego!».

Rotundo siempre Ángel Guinda (Zaragoza, 1948). Mar-
tillea cada verso con la contundencia de quien quiere
grabarlo para la eternidad, igual que hizo Quevedo con
su «Amor constante más allá de la muerte», que influ-
ye en los versos citados. Guinda añade signos de excla-
mación para insuflar aún más énfasis. Sin rebajar ni un
ápice esa intensidad característica, ha unido dos títulos
en el mismo volumen: *Los deslumbramientos* seguido de
Recapitulaciones. En ambos el gran tema, casi obsesivo,
es el tiempo que corre desbocado.

En la hora de hacer balance, Guinda prefiere centrar-
se en el lado positivo: «Liaba el cigarrillo / como enro-
llando su vida en una alfombra / (…) / Perdido el hori-
zonte, / perdidas ya las pérdidas, / cuanto aún le quedaba
eran ganancias». Versos muchas veces cargados de otras
lecturas, en este caso de Gamoneda («Arden las pérdi-
das»), aunque Guinda sea mucho más enérgico, menos
contemplativo que el poeta afincado en León.

Ángel Guinda es uno de esos escritores que deberían figurar entre los referentes de la poesía española actual, como aseguran los autores de las citas que ha recopilado Trinidad Ruiz Marcellán. Y seguro que hubiera estado ahí, si el azar, las circunstancias o su lugar de residencia hubieran sido otros. «Como la honradez, va de frente. / No necesita disfraz ni guardaespaldas», remacha Guinda.

Tampoco es que sea este un libro redondo, como lo fue por ejemplo *Catedral de la noche* (2015). Hay altibajos. Sin embargo, contiene poemas dignos de antología, como «Exilio» o como «Las casas». También poemas que se quedan resonando después de leerlos, como «Los viajes». Y luego hay pasajes candorosos, como este con perfume a Pessoa: «El amor es invención. / Se inventa siempre lo amado y lo amado nos inventa. / Solo el dolor, en amor, / no es invención». Y por supuesto está esa insistencia, ese martilleo marcándose a fuego donde sea, incluso en el agua: «¡Si pudiéramos recomponer los escombros! / Pero lo aniquilado no se reconstruye. / Somos parte de la destrucción, / ruina nosotros mismos».

Ángel Guinda murió en Madrid en enero de 2022.

ARTURO TENDERO

ÁNGELES MORA: *SOÑAR CON BICICLETAS*

Tusquets, Barcelona, 2022

«Estremece el ayer, / muerde la
madrugada, / alumbra el día».

En el poema que da título al libro, Ángeles Mora recuerda: «Yo, que no tuve bicicleta, / soñé con bicicletas / y lloré al despertar». Algo tienen de resumen cifrado estos versos de la poeta de Rute, Córdoba (1952), cuyos poemas van haciendo en el libro un repaso de la vida, de su vida, desde la infancia hasta este presente que, solo con nombrarlo, está empezando a ser parte del ayer.

En las dedicatorias finales, Mora nos aclara que algunos de los poemas están inspirados en vivencias ajenas, compartidas durante una conversación, pero el transcurrir del libro nos transmite la certeza de que asistimos a un diario personal. Será cosa del tono en el que están escritos, con descripciones a veces detalladas, con citas iniciales que remiten a una lectura, a una canción.

Es probable que ese tono empezara a conformarse en la niñez, cuando, por su condición de mujer, Mora aprendió a refugiarse en la discreción para ser ella misma: «así rodó mi vida / secreta, / como ruedan los libros, / los sueños, los cuadernos / manchados de palabras / robadas».

La poeta insiste en reivindicar esta lucha que la hermana con todas las mujeres: «camina como si no fuera ella, / la que lleva su nombre, / la que cuenta sus años. / porque tal vez sea otra, / porque tal vez es necesario, / en el fondo, ser todas».

Pero la mayor parte de los poemas juegan a evocar la niñez o vivencias más cercanas, o ausencias clavadas como la espinita machadiana: «el corazón no duele, / me dijo el médico. / Y desde entonces / no sé lo que me duele / cuando tanto me duele». La vida no para, y «recordar puede doler más que vivir», sobre todo desde una soledad que ha solidificado, que se ha convertido en desdoblamiento. De eso habla el poema «Compañías», uno de los mejores del libro junto con «Lugar común». Es tiempo de rumiar la última carta, que no debería haber llegado nunca, de pensar en la solemne visita, que solo viene una vez. «Sé que estás sola en esta noche / porque suena una música / que únicamente enciende / el tiempo que pasó. / Lo que no vuelve».

En *El mundanal ruido* también aparecieron reseñas de los libros *Ficciones para una autobiografía* y *Contigo misma*, de la misma autora.

Antonio Cabrera: *Montaña al sudoeste*

Renacimiento, Sevilla, 2014

La poesía de Cabrera (Medina Sidonia, 1958) es «la lente del decir al máximo de aumentos», como la define, casi en greguería, Josep María Rodríguez en el prólogo. Y completa esta definición una cita del propio poeta: «comprendemos no por explicación, sino por emoción».

Cabrera encabezó su primer poemario con otra cita, esta vez de Unamuno. No es el consabido lema de «sentir el pensamiento y pensar el sentimiento», sino la proclamación de que «el gran misterio es la conciencia y el mundo en ella». Cabrera, como puede apreciarse en esta antología, ha puesto su poesía al servicio de las relaciones entre la conciencia y el mundo. César Simón fue su maestro y su precedente más inmediato. Pero Cabrera ha ido más lejos: la ha llevado hasta la disolución del yo, que no es la disolución de la conciencia.

Cuando Cabrera se dice a sí mismo «canta el alrededor, no hables de ti» o «con la retina del conocimiento no la mires», está conjurándose a contemplar el mundo sin las ataduras de la cultura, pero al mismo tiempo a examinar la propia conciencia como parte de ese mundo: «lo íntimo es el mundo». No quiere prescindir de la conciencia, sino de las ataduras que la desvirtúan:

«contemplo la belleza y soy un velo». Quiere decir las cosas por vez primera, quiere estrenarlas en la libertad recién sentida del lenguaje; esa es la emoción que nos sirve en cada pieza. Por eso desciende con la lente del sentir al máximo de aumentos, porque necesita acercarse más y describir con más minuciosidad ese detalle de lo que creíamos conocer y que de pronto es nuevo. A ese esfuerzo ha consagrado su poesía, los tres libros que en esta selección resumen una meticulosa coherencia.

En *El mundanal ruido* también apareció reseña del libro *Corteza de abedul*, del mismo autor, que falleció en Carcaixent en 2019.

ARTURO TENDERO

ANTONIO MANILLA: *LENGUAS EN LOS ÁRBOLES*

Averso, Granada, 2023

«Canto del ruiseñor: / quien lo escuchó ya ha muerto».

Antonio Manilla (León, 1967) celebra 25 años de su primer libro con una selección de los nueve poemarios que ha ido sumando desde entonces, con un añadido de seis poemas inéditos. Como nos advierte en el prólogo, se distinguen dos partes en esta antología.

La primera es una recopilación temática que da nombre al conjunto: piezas sobre el crepúsculo, el amanecer y el ritmo de las estaciones. Una colección que el autor agavilló a orillas del río Órbigo. Manilla utiliza la naturaleza en estos poemas para contener el tiempo durante la contemplación, pero la mayoría de las veces la naturaleza le responde incrementando la conciencia de pérdida. Eso pasa en «Otoñal»: «El niño que contempla / la hoguera del otoño que enciende la distancia. / (…) El recuerdo del padre, que vive en el paisaje / y es ceniza y frío y soledad y nada». El afán de calma choca con las contradicciones de la naturaleza. Por ejemplo, el conflicto entre el día y la noche: «Luz y sombra combaten / rama a rama, hoja a hoja, / por lo mismo: / la ternura del verde, la plenitud del día, / la posesión del aire». Los pájaros juegan un papel crucial: «el mundo lo sostienen los vencejos». Pero el problema principal es el flujo incesante de pensamientos que entorpecen el sentir: «Sentimiento es sentido / (…) / No creas a la tarde. / No dejes que te embarque la hermosura / que aparece detrás de veladuras. / Contempla el río, escucha al ruiseñor, / disfruta de lo bello, / pon tu sentir en duda».

Este recurso de darse instrucciones a sí mismo es característico de la segunda parte del libro, titulada «Bodas de plata», una selección de temática variada, aunque casi siempre dirigida a la persecución de la felicidad, que no obstante el autor define como un «error humano». Será porque van surgiendo obstáculos insalvables, como nuestra insignificancia («somos huellas de arena en la marea baja») o como el deterioro que impone el mero hecho de vivir acumulando años («el niño que buscamos y no está / ya dentro de nosotros»).

En conclusión, «no hace falta comprenderlo todo / si la felicidad es el enigma».

En *El mundanal ruido* también aparecieron reseñas de los libros *El lugar en mí*, *Sin tiempo ni añoranza* y *Suavemente ribera*, del mismo autor.

Arturo Tendero

Antonio Moreno: *Lo inesperado*
Renacimiento, Sevilla, 2022

«El sonido de cada paso cuenta / cómo el mundo se hace y se deshace».

Antonio Moreno (Alicante, 1964) es sobre todo poeta. Hay que tener en cuenta sin embargo que viene del haiku y de una prosa contempladora. Es el suyo un universo hiperrealista, que se asoma a la naturaleza con los ojos múltiples de un insecto para ver más allá de lo que vemos sin dejar de ver lo que vemos. Para ello necesita desprenderse de toda atadura, empezando por el propio nombre: «Cuando no hay ya color ni el nombre del color... / Cuando no hay más que esta realidad // moviéndose en el aire —y la llamamos nubes—, / moviéndose en el agua —y la llamamos mar—, // que se agita en los seres y en cuanto nos rodea / y nos hace hijos suyos, entonces soy real».

Insiste mucho Moreno en la necesidad de desprenderse de los nombres: «Nube de esta tierra, // que eres más que mi nombre, siendo nada...». Ha ido reduciendo y afinando lo que designa, hasta designar lo infinitesimal para pararse a recibir lecciones de lo más humilde: el grillo, el tomillo, las moscas, una flor roja en mitad del campo: «frágil, limpia, sutil, vino a salvarnos / —trémula de verdad— una amapola».

La posición del observador es importante. A menudo lo hallamos caminando, pero también en situaciones singulares: esa vigilancia agotadora del soldado que alcanza el amanecer con los sentidos abotargados y no obstante es capaz de distinguir los pequeños cambios que la luz incipiente obra a su alrededor. También están las alturas, donde el canto del grillo, combinado con la presión y la textura del oxígeno, produce una sensación de irrealidad. A veces es un golpe de la brisa, una nube que nos sobrevuela, el mar, yendo y viniendo, y enseñando: «aprende de la espuma a ser adiós / y encuentro, y nuevamente adiós y encuentro, / esa entrega sin fin de vida y muerte». Hay algo de Pessoa en estos versos, como hay algo de Azorín en otros, el perfume sutil de sus lecturas. Y está, al final de todo, la creencia en el mar, la creencia en el fuego que quedó como última imagen de su padre, en un poema capital del libro.

En *El mundanal ruido* también apareció reseña de *Al Dios sin nombre*, del mismo autor.

ANTONIO PÉREZ ROLDÁN: *QUE RESPONDAN LOS PÁJAROS*
Corona del Sur, Málaga, 2021

«Y es así como avanzas, / siempre regresando».

Que respondan los pájaros es el décimo poemario exento de Antonio Pérez Roldán (Nueva Carteya, 1945). Consta de 68 poemas divididos en tres partes.

Los de la primera se centran sobre todo en la escritura como proceso y como viaje hacia lo desconocido: «naturalmente, hablas / de lo que no conoces; entras / aventuradamente en busca / del hallazgo, abierto al súbito / destello, a la insólita música / o verdad nunca oída». Aunque la escritura como asunto central puede cansar en ciertos momentos, alivia ya en algunas piezas el pájaro como modelo a seguir («si algún día te diera por imitar, / imita al pájaro, que solo / canta por necesidad, hambre o amor»).

Algunos poemas de la segunda parte inciden en que el poema ha de nacer de la necesidad. Incluso cuando parece que la música nace desde dentro: «Te sorprendes cantando. / De repente, en la tarde, / —ignoras desde dónde— / te brota una canción. // Alguien que no conoces / necesita cantar / y ha elegido tu voz». Para certificar ese destino de cantor involuntario, el poeta necesita ir soltando el lastre de adjetivos y adornos que ha ido acumulando por el mero hecho de vivir, para de este modo seguir nombrando «la vida sin rodeos, // con la lengua esencial, / a cuerpo limpio».

En la tercera y última parte del libro, Antonio Pérez se encomienda a la naturaleza para orientarse, para saber el lugar que ocupa en la trama. Esa es su nueva fe. Atender al simple vuelo de una hoja le hace sentir más orgulloso que la enumeración de los libros leídos de la que se enorgullecía Borges, el plato sobre la mesa es un gozoso festival de colores, la claridad es un regalo al que conviene dejar que le canten los pájaros. Porque el verdadero don es agradecer, ir viviendo sin lucha, dejar «que el tiempo pase / sobre ti / como sobre un arbusto». Quizás ese abandono nos suene a ya leído, pero importa el modo de cantarlo y Antonio Pérez Roldán lo canta muy bien: «y lo último, y peor, / que podría sucederte, / sigue sin suceder / pues que lo cuentas».

ARTURO TENDERO

Antonio Rodríguez Jiménez: *Bailando en la azotea*
Renacimiento, Sevilla, 2023

«Alguien está bailando en la azotea / sin que lo mire nadie. Por debajo / pasa el tren impasible de la vida».

Antonio Rodríguez Jiménez (Albacete, 1978) ha ido inclinándose paulatinamente hacia la denuncia social. En *Bailando en la azotea*, es ya el tema predominante. Al mismo tiempo ha ganado en tensión lingüística valiéndose de la anáfora y la salmodia como herramientas, con resultados notables en poemas como «Horarios», donde resume, comprimida, la vida de una familia cualquiera, en sus hitos más tristes. La cuenta sin signos de puntuación, lo que la hace a la vez porosa y terrible. En el libro, el poeta se pone del lado del proletario, del rojo perdedor de la guerra, del siervo de un cacique, y, aderezándolos con un toque de parodia, demuestra que esos roles siguen vigentes: «nos sentimos ligeros como el humo / que juega con el viento y que se aleja. / Ligeros como el humo y casi alegres / porque el amo también nos necesita».

Eso sí, en los poemas se aprecia una distancia física: no hay rostros, no hay nombres en esta geografía urbana de barrios pobres ni en el nuevo Ulises que se suicida en París. Sabemos en cambio que es el padre del poeta quien protagoniza «La camisa de cuadros», pero no sabemos quién era la roja que se paraba ante los escaparates de muñecas: «los proyectiles silban un segundo / y se pierden si no dan con un cuerpo. / Las palabras, en cambio, / no te abandonan nunca».

Tampoco sabemos quién es el que baila en la azotea. Intuimos que es el propio autor, como intuimos que es España el asunto del que nos habla en «Las líneas truncadas». Pero igual podemos estar equivocados. En todo caso, Antonio Rodríguez Jiménez se exhorta: «no dejes que te domen», y reivindica con énfasis la poesía genuina en un mundo de falsificaciones: «esto no es la excreción de algún cantante ni un desahogo lírico. Es poesía. // Si no te hace temblar, olvídala. Si no te hace sentir afortunado / portador de un secreto inconfesable, / no malgastes tu tiempo». Este poemario recibió el 36.º premio Tiflos.

En *El mundanal ruido* también aparecieron reseñas de los libros *Estado líquido* y *Nuestro sitio en el mundo*, del mismo autor.

ARTURO TENDERO

Aurora Luque: *Un número finito de veranos*
Editorial Milenio, Lleida, 2021

«Canta el cuerpo por dentro y sintoniza / con el lenguaje alto de las ramas / como un secreto que el amor, severo, / no quisiera contarme todavía. / Pero supe que amaba. Me lo decía el mundo».

En *Un número finito de veranos*, Aurora Luque (Almería, 1962) se mantiene fiel a sus tendencias. Cruza el mar hacia otras geografías, hacia tiempos míticos, buscando esos límites donde no llega su saber de traductora: «A otras cosas quizá las atrapa el lenguaje / y caben, cómodas y ajustadas, en sus nombres. // El mar no es una de ellas». En una breve explicación final, Luque nos aclara que solo cuatro de los poemas incluidos son realmente inéditos, y que el resto han ido apareciendo en revistas, antologías, libros compartidos, homenajes e incluso en la inscripción de una fuente pública en Cádiar.

Jaime Siles apunta en el prólogo que la poeta ha sabido convertir esta heterogeneidad en virtud, agrupando los poemas en capítulos temáticos que abarcan casi todas las variedades de la formulación poética. En cualquier caso, la voz de Luque está muy definida. Es tan ágil su inteligencia viajera y tanta su prisa por contar que a menudo salta de unas cosas a otras dejando en medio elipsis, centrada en su obsesión por atrapar el día, en apurar la intensidad del ahora, que es su filosofía de vida: «rezamos al presente los paganos / (...) No esperemos placer, palabras, carne, fruta, / más allá de la muerte. A qué apostar más lejos».

La carnalidad y la sensualidad hay que atenderlas, hay que disfrutar con el bálsamo de la escucha, de la luz junto al mar de los veranos, en esta vida donde no hay paraíso, pero hay horas de abrazo y de jardín. Y es por cierto entre los árboles, en un capítulo compuesto por prosas poéticas en las que invoca a mujeres conocidas como si fueran espíritus familiares, donde encontramos el poema que da título al libro y otro titulado «Que huela a árbol», una evocación con la autenticidad de lo imprescindible: «Crecer con árboles te enseña música: los ritmos del tiempo, de los frutos, de los cuerpos. Te enseña métrica. A los huertos no está invitada la velocidad».

Este libro obtuvo el Premio Nacional de Poesía 2022.

En *El mundanal ruido* también apareció reseña de *Gavieras*, de la misma autora.

BASILIO SÁNCHEZ: *HE HEREDADO UN NOGAL SOBRE LA TUMBA DE LOS DIOSES*
Visor, Madrid, 2019

«Presiento con palabras / un mundo elemental, un universo / que, abismado en sí mismo, sigue intacto. / La honradez de un paisaje / que, a espaldas de nosotros, excluido / de nuestras percepciones y de nuestros afectos / desborda plenitud».

El extremeño Basilio Sánchez (Cáceres, 1958) ha desnudado el mundo de todas las contaminaciones y nos lo sirve limpio y primigenio en un libro desbordado de imágenes puras detrás de un título muy largo: *He heredado un nogal sobre la tumba de los dioses*. Un título que termina siendo verdad tanto para el autor como para el lector que se sumerge a fondo en sus versos: «Hay que estar muy adentro / en la circunferencia de la noche / para encontrar las cosas que nos salvan la vida. / Ninguno de nosotros / está aún preparado para lo incomprensible».

El firmamento nocturno, el horizonte, la naturaleza desbordante se abren y nos ofrecen una sabiduría anterior al pensamiento, es decir anterior al hombre, que pasea en los versos de Sánchez como si estuviera estrenando la creación: «Dichoso el que, sentado / bajo los grandes árboles / que iluminan de verde las mañanas del mundo, / no renuncia al regalo de lo inmenso».

Pero el poeta asiste y es testigo desde su condición de poeta. A menudo nos recuerda y se recuerda a sí mismo que está escribiendo, por ejemplo, cuando dice: «Mi mesa de madera es del tamaño de un nido». Y varias veces se refiere a su cometido: «El poeta no es otro / que el que entra de noche en una habitación / y permanece inmóvil / frente a una oscuridad / a la que poco a poco consigue acostumbrarse». Se mantiene «ocupado en secreto en este oficio de acarrear imágenes / para un templo sin culto».

Cuando aparecen símbolos humanos, son vagas reminiscencias bíblicas o de las mil y una noches, borrosas ruinas de casas desfiguradas por las ortigas. Porque «nosotros no venimos de los profetas, / nosotros descendemos / de un pastor de rebaños / al que no permitieron, en mitad de la noche, / entrar en la ciudad». Al fin y al cabo, «no hay nada más hermoso / que dejarse convencer por la noche / de que todo es eterno».

El libro recibió el premio Loewe en 2018.

En *El mundanal ruido* también aparecieron reseñas de los libros *Esperando noticias del agua* y *El baile de los pájaros*, del mismo autor.

Ben Clark: *Demonios*
Sloper, Palma de Mallorca, 2023

«Me interesan / de nuestras vidas solamente / los signos lapidarios, / los recuerdos difusos de las noches / que no sabemos bien si sucedieron».

Los demonios a los que se refiere en el título Ben Clark (Ibiza, 1984) tienen más que ver con las travesuras que juega el azar disfrazado de duende que con el mal absoluto, aunque las travesuras de la vida suelen ser terribles: «basta con beber agua muchas horas / mientras hablo con gente a quien no amo. / Y aparecen los rastros en el polvo, / claros como señales de tráfico oxidadas / que me llevan de nuevo frente a vuestro festín».

Más que el título, nos pone en situación la fotografía de la cubierta, un niño enmascarado con una expresión inquietante: el propio autor de pequeño. Como es habitual en Clark, sus poemas tienen una estructura narrativa, cuentan una historia. De hecho, de las cinco partes en que ha dividido el libro, la cuarta lleva por título «El Tremor» y reúne fragmentariamente datos e interpretaciones sobre el mayor accidente ferroviario de la historia de España, ocurrido en El Bierzo en 1944. También leemos varias historias de corte social en la parte tercera, una especie de ajuste de cuentas con su biografía.

El resto del libro está recorrido por dos compulsiones: la de la muerte y la de la escritura («cuando escribo me acerco a las respuestas»). Menciona con frecuencia el propósito de escribir y las mejores piezas surgen cuando ese propósito se rompe por el azar o por una decisión. Ocurre en «Gajes del oficio», el poema más emblemático, donde se disponía a componer «un gran poema», pero optó por llamar a su hermano y la vida se impuso.

Aun así, los poemas más inspirados son aquellos que merodean el tema de la muerte, como «En la tumba de Edward Thomas» («que fácil es vivir junto a los muertos»), o en la pieza donde dice: «porque ellos son presencias, todavía. / Porque la nada duele». El tema de la muerte es el tema del tiempo, que se desliza enredado en el amor, cuando uno tiene la suerte de ser correspondido: «Olvidémonos siempre del ayer; / convirtamos el hoy en un refugio; / jurémonos amor hasta mañana».

En *El mundanal ruido* también apareció reseña de *La policía celeste*, del mismo autor.

ARTURO TENDERO

BENJAMÍN PRADO: *PARADERO DESCONOCIDO*
Visor, Madrid, 2023

«Maldigo la codicia, alabo la ambición / y educo a mis poemas / lo mismo que a mis hijos: / para que lleguen lejos / y algún día / puedan cuidar de mí».

Con *Paradero desconocido* vuelve a la poesía Benjamín Prado (Las Rozas, 1961), un comunicador todoterreno, con vocación de ubicuo, que no daba a la imprenta un poemario exento desde que apareció en 2014 el octavo de los suyos, *Ya no es tarde*. Prado ha hecho del chispazo de ingenio, a menudo improvisado, su seña de identidad y este rasgo es común en todos los ámbitos que frecuenta, pero alcanza en la poesía más razón de ser por tratarse de un género en el que la intensidad resulta imprescindible.

Desde los primeros versos busca con el lector una complicidad a lo Baudelaire, pero con guiño: «lo que voy a decirte que quede entre tú y yo: / no quiero que te escuche este poema». Le advierte de que no se crea nada: «te recuerdo que somos dos seres inventados». En el resto del libro aprovecha este clima conversacional en el que el interlocutor puede seguir siendo el lector, o los hijos del poeta o el poeta mismo. El recurso le ayuda a colocar imágenes y sentencias, que a menudo brotan en catarata y estructuran el poema por acumulación de enumeraciones caóticas.

Cuando la brillantez deja asomar al ser humano, se vislumbra un personaje descreído, fatalista, que empieza a entrever el final del camino: «Miradlo caminar / seguido por las nubes, / mirad qué similares son su sombra y él». Entre efectos y eslóganes, abundan aforismos suficientes para componer un libro aparte: «estar a salvo mata a los aventureros», «todo el que hace planes hace el mismo: ser otro», «sobrevivir consiste en alejarse de lo ya vivido».

Hay dedicatorias a famosos, pero destacan un poema para Almudena Grandes («no había claudicado / pero ya se mentía») y otro para los odiadores. También alguno que parece concebido para que lo cante Sabina («En la vida real»). Canta a los vaivenes del amor de pareja y desliza consejos para entender y afrontar la jungla mediática: «y donde todos luchan por estar siempre al día / ya sólo hay dos opciones: la moda o el olvido».

CARLOS ALCORTA: *AFLICCIÓN Y EQUILIBRIO*
Calambur, Valencia, 2020

«Me propuse escribir este poema / como quien construye la casa natural / de la vida, sin ayuda, con materiales nobles / pero modestos, una casa con grandes ventanales / para vernos mejor por dentro, hecha / con las palabras que nunca nos dijimos…».

Carlos Alcorta (Torrelavega, 1959) ha cambiado el estilo de sus últimos poemarios por una escritura discursiva y torrencial que destila verdad. A partir de la experiencia de la enfermedad y la muerte del padre, el cántabro se derrama en una épica que parte de la vida y pasa por el tamiz de la reflexión y de la conciencia. No elude las contradicciones ni tampoco las pequeñas debilidades, que se incardinan en el proceso con naturalidad y lo enriquecen: «Si lo analizo con honestidad / constataré que soy un hombre / a quien irrita más la picadura / de un mosquito que la teología / o esas proclamas nacionalistas».

Aunque el libro estaba listo para ver la luz cuando el coronavirus nos abocó al confinamiento, sorprende ver cómo el duro trance vivido por el poeta está reflejando cosas que podemos sentir con él: «Más que las emociones, ahora nos importan / los hechos, que todo vuelva a ser como antes». Al fin y al cabo, «el temor a la muerte da sentido a la vida, / te deshace por dentro, como un virus, / si desatiendes las necesidades / básicas de los seres queridos».

Durante todo el tiempo, el poeta es consciente de que está utilizando la escritura para dar fe y para zanjar cuentas pendientes: «desconozco si el poder terapéutico / de la venganza (…) resulta efectivo / cuando se trata de vengarse de uno mismo». Parte de una máxima que han repetido, con diferentes fórmulas, muchos escritores, después de comprobarla en propia carne: «es más vida la vida en la ficción. / Realmente vivimos más cuando lo escribimos». Por eso, no se recata en afirmar, en los últimos versos: «Hacer vida —esa es la intención / con la que he escrito este libro— es vivir, / no como si hubiera otra vida, sino como si todo / lo vivido hasta ahora fuera insuficiente / (…) Hacer vida es aprender a morir. / Pasada la aflicción, florece el equilibrio».

En *El mundanal ruido* también apareció reseña de *Tiempo vivo*, del mismo autor.

Arturo Tendero

Carlos Marzal: *Euforia*
Tusquets, Barcelona, 2023

«Ya no quiero pasar por razonable: / aquí solo cantamos a la euforia. // De todo corazón, sin prisioneros».

Después de trece años enredado en la novela, el ensayo y el aforismo, Carlos Marzal (Valencia, 1961) vuelve al redil de la poesía poniendo toda la carne en el asador con un libro de 116 poemas. Desde el título, deja clara su determinación de romper con las composturas de la prosa: «La plenitud, a veces, necesita / ser enemiga de la sensatez, / sentirse delinquir / impunemente».

Luego Marzal desvela en distintos momentos su relación con el más caprichoso de los géneros literarios: confiesa que para escribir necesita una temperatura del espíritu próxima a la felicidad, confiesa que bautiza escribiendo, que los poemas suceden cuando quieren: «cada poema / aspira a ser el último que escribes». Y constata que «no sabemos por qué la poesía / consigue consolar / y consolarnos, / por más que no obtengamos el consuelo».

Aceptar las contradicciones, sobre todo las de la edad, incluso remarcarlas, es una de las llaves de la plenitud:

«Aún sigo en la niñez, / y soy adulto, / al viejo que seré le hablo muy joven». Otra llave es el regreso a la rebeldía juvenil, al pirómano que recuerda haber sido: «No se lo he dicho a nadie, pero vivo / de aquellas delincuencias».

Y, por supuesto, Marzal echa mano también de sus pasiones incondicionales: el fútbol, al que dedicó *Nunca fuimos tan felices* (2021), la ciudad de Valencia, el amor familiar y el que recibió en la infancia, «un blindaje» que lo hace «casi indestructible». Tampoco faltan sus mentores poéticos: Brines, al que evoca en el día de su sepelio, y César Simón, al que dedica una etopeya. *Euforia* está llena de pequeños símbolos cotidianos, desde un punto geodésico al rito de cenar. A Marzal le gusta jugar con las antítesis y mantener un tono de canto, dejando que los poemas crezcan yendo desde la anécdota a la reflexión. Quizá el que aglutina todas estas fuerzas sea el poema «Deseo», en el que advierte: «si nunca te ha empujado a la indecencia, / si nunca ha conseguido / forzarte a cometer estupideces, / ten por seguro que no era el deseo».

ARTURO TENDERO

Carlos Sahagún: *Poesías completas (1957-2000)*

Renacimiento, Sevilla, 2016

Cuando la moda es publicar poemas a menudo y sin demasiado tiempo para el aliño, resulta singular que un poeta haya mantenido su creación lejos de la imprenta durante más de treinta y cinco años. Duele que lo muerte lo sorprendiera el pasado verano, cuando por fin había vencido su reticencia y estuviera preparando sus obras completas.

Claro, que el alicantino (de Onil) Carlos Sahagún (1938-2015) no necesitaba someter su escritura al contraste con los lectores. Con 19 años había ganado el Adonáis por *Profecías del agua* (1958) y también obtuvo el Nacional de Poesía por su último libro exento hasta la fecha, *Primer y último oficio* (1979). Formaba parte con pleno derecho de los nombres reconocidos de la generación del 50. En fin, que era un poeta admirado y querido que prefirió aplicarse públicamente a su oficio de profesor y de inspector y a sus aficiones de bibliófilo, mientras reservaba en el cajón lo que iba escribiendo. De hecho, compartía, con quien quisiera escucharle, que se había retirado de escribir en el año 2000.

En su obra definitiva, *Poesías completas (1957-2000)*, elimina un libro adolescente previo al Adonáis y muchas de las piezas que hubieran compuesto su poemario póstumo, al que también retiró el título de *El lugar de los pájaros*. Al final solo salvó 28 poemas que no habían aparecido nunca en libro, aunque circula por YouTube un vídeo en el que lee dos de ellos, «Ruiseñor» y «Víspera». Poemas intensos por otra parte, que destilan lo más depurado de su creación, como no podría ser de otro modo tras una contención tan prolongada en un poeta de tanto oficio.

Porque ya su precoz *Profecías del agua* es un libro torrencial, en el que el automatismo fluye con reveladora riqueza: «vista de lejos, ay, era la vida / bella como un naranjo con naranjas». Se centró después en los recuerdos de infancia y las sordideces de la guerra y la posguerra, ceñido en un corsé formal del que se fue liberando poco a poco hasta que llegó *Primer y último oficio*: «todo está decididamente en orden / menos mi propia vida». Se echa de menos más información bibliográfica y biográfica que envuelvan esta antología final, pero se agradece el rescate de un poeta necesario.

ARTURO TENDERO

CARMEN PALOMO PINEL: *EN TU ESPALDA EL DESIERTO*
Diputación de Soria, Soria, 2022

«En tu rostro, hijo mío, / la muerte ha ascendido a contemplarme. / Solo en él puedo amarla».

El sexto poemario de Carmen Palomo Pinel (Madrid, 1980) también se publica gracias a un premio, como los anteriores. En este caso, el Leonor de Poesía en su edición de 2022. No conozco los otros, pero *En tu espalda el desierto* es un libro cuajado desde la estructura. Está dividido en tres partes, «De la vida», «Del amor» y «De las palabras», perfectamente definidas en sus pretensiones.

Visionaria en el enfoque, Palomo Pinel persigue siempre la experiencia del límite: «divido a los hombres entre los que han visto un abismo / y los que no». Celebra el milagro de la existencia («cómo obrar / ante esta dádiva excesiva / que es vivir») y al mismo tiempo está ya lamentando la pérdida, «el dolor de lo maravilloso / faltante, la escasez de hadas».

Descartados los milagros, la magia es aproximarse al umbral de la desaparición: «Qué criminal, qué aguda esa belleza / que existe solo al borde de la muerte, / entrando en ella ya / pero no todavía: / Venecia, un unicornio, / el rayo verde. / Nuestro amor. Su fulgor cuando se hiere. / Como naciendo. Como quien toca en el final / su origen». También la segunda parte del libro, consagrada al amor, contiene experiencias liminares: «y por qué no te vistes de esta tarde fantástica / de luz atenuada / y apareces».

En este tramo aumentan los pasajes que cumplen su función dentro del poema aunque también podrían operar de forma aislada, como aforismos: «porque hay que amar / lo visto / para verlo», «la noche del amor es, sobre todo, / la noche de antes / del amor», «¿por qué hay algo que duele en la alegría?».

En la recta final encontramos apreciaciones certeras bien aderezadas con emoción. En esta tercera parte del libro, la autora reflexiona sobre la escritura: «pensaba que el poema tenía por misión / revelar el secreto, / mas no: / el poema es la tierra / que se echa sobre él. / Lo convierte en tesoro». Estas reflexiones aportan información sobre el proceso, pero sobre todo permiten a la escritora conocerse mejor: «de este modo / el poema que escribí / me corregía».

César Simón: *Poesía completa*
Pre-Textos, Valencia, 2016

Dice Vicente Gallego en el prólogo del libro que cualquier tapia blanca iluminada por el sol le devuelve a la atmósfera de César Simón, y que también le pasa con el tapiz mítico del mar, el silencio de las habitaciones solitarias y esa luz como calcinada de ciertos días y ciertos lugares.

Coincido con él. Incluso ampliaría la lista a cosas como la importancia de una fecha concreta o el carácter de observador que está dentro y fuera de lo que observa: «nombra, pero no enturbies / aquel cielo del charco».

A César Simón (Valencia, 1932-1997) no le hacen falta el rigor apasionado y el cariño meticuloso de su amigo Gallego, aunque tampoco le hacen daño, claro. Es un poeta singular al que su carácter desinteresado y su muerte prematura han mantenido al margen de los focos generacionales. Solo necesita tiempo para ir ganando lectores. Y tiempo es lo que le sobra. Naturalmente esta recopilación de su poesía completa es útil para poner cada verso en su lugar y permite analizar la evolución de su escritura desde *Pedregal*, acabado en 1968, hasta *El pretexto y el fervor*, que permanecía inédito desde la muerte de Simón.

Gallego ha buceado en carpetas familiares, revistas y en su propia memoria de amigo para rescatar la totalidad visitable de la poesía simoniana, arriesgando a veces en el límite de lo que el propio autor descartó en su día pero había publicado con anterioridad. La exhaustiva bibliografía de Begoña Pozo completa el perfil. Asistimos así a una trayectoria prácticamente definitiva, con sus titubeos madurativos y sus logros incuestionables. El propio Gallego señala algunos de ellos en el prólogo, transcribiendo poemas como «Arco romano», «Quarks» o «Lo inimaginable». Pero además incorpora claves útiles para la lectura.

No sobra la advertencia de que Simón no es un poeta fácil, por si su aridez inicial disuade al curioso, pero esa dificultad se va difuminando cuando uno se adentra en su mundo. También que es un poeta celebrador disfrazado de asceta: «todas tus elegías fueron himnos» y por supuesto su fiebre y su batalla están en este mundo, siempre al acecho de lo inaudito que hay en la consciencia: «Creo, con fiebre y con ardor, / en nada».

ARTURO TENDERO

Chantal Maillard: *Medea*
Tusquets, Barcelona, 2020

«¿Cómo comprenderéis al que comete el
crimen / si no os sentís capaz de cometerlo?».

Habla Medea con la voz de Chantal Maillard (Bruselas,
1951). La hechicera Medea, la enamorada de Jasón y la
justiciera sin ley que mata a sus hijos para vengar las in-
fidelidades de su marido. Es el punto de partida que ha
elegido Maillard. Posicionarse con alguien que está más
allá de las convenciones le permite escapar de las reglas,
situarse al otro lado: «No somos inocentes. // En la más
diminuta criatura / hay más virtud / que en el hombre
que a ciegas obedece / las leyes de su tribu».

Habla una Medea sin rostro, «sentada en la barca. De
espaldas al horizonte», los ojos vaciados «¿De qué? De
voluntad. De toda voluntad». Una Medea que no se sabe
si ha llegado o no partió nunca, si está en el mar de Al-
borán o sigue en el Bósforo, si está viva o muerta: «No sé
qué fuerza qué ferocidad / mantiene estos huesos / va-
rados en la orilla. / ¿Qué de mí / pretende perdurar?».

Desde esa tierra de nadie, todos los límites están al
alcance; los morales: «Pensáis que todo crimen responde
a un motivo. / No es así. / Todo tiene una causa / pero no

toda causa es un motivo». También los límites sociales: «Donde había saber hay palabras vanas. / Donde había atención hay salmodia. / Donde había respeto hay arrogancia. / El miedo es vuestra servidumbre». El límite de la naturaleza, de la vida y la muerte. Incluso los límites de la poesía, ya que el libro está compuesto de fragmentos numerados, que se identifican por el número.

Maillard la filósofa no se desunce de su otra piel cuando entona desde el personaje de Medea. Sin embargo, esa máscara le permite ser rotunda, rastrear la emoción que se escabulle en las transgresiones, en los horizontes, en las palabras que articula el viento de la historia: «A veces la verdad ha de callarse / para el mejor estado de las cosas / y porque la verdad —lo aprendes con el tiempo— / cuanto más verdadera es menos cierta. // ¡Callad a la habladora! / ¡Acalladla!». La razón es una convención de convenciones: «olvidad las palabras. / Recomponed el magma».

ARTURO TENDERO

Daniel Fernández Rodríguez: *Las nubes se levantan*
Pre-Textos, Valencia, 2022

«Qué cosa: escribir versos / para vivir mejor,
para entender / un poco más tal vez la lluvia
de hace un rato, / para estar tristes cuando así
conviene».

Aunque *Las nubes se levantan* es solo su segundo poemario y Daniel Fernández Rodríguez (Barcelona, 1988) tiene aún edad para ganar certámenes destinados a jóvenes (en este caso el Emilio Prados), su poesía está perfectamente cuajada. Maneja las enumeraciones caóticas de Borges, la ironía de D'Ors y su inclinación a nombrar lugares concretos, la destreza con que De Cuenca disfraza la realidad de cómic o de Hopper (que viene a ser lo mismo), el desdoblamiento de Rosillo para crear una nube de tiempo donde parece que nada está pasando.

Con todo, la voz de Fernández Rodríguez es una voz propia, que suena con la prosodia morosa de los que saben retener el discurso y lograr que lo contenga todo en unos pocos versos. Su tema es el tiempo: las formas con que regresa una vivencia convertida en experiencia: «A ti solo / te queda comerciar con la memoria, / el oro de la infancia, / o resignarte a la virtud / —ingrata y noble, como todas— / del olvido».

Fernández Rodríguez personifica las estaciones para mostrar la sucesión inmisericorde de los ciclos, del fluir de la vida, ajeno a nuestro afán de retenerla: ahí están los aires adolescentes del verano, la mano del otoño pintando el invierno para que la primavera haga el trabajo sucio. Y no obstante, en otro poema, le basta que no cambie el canto, pero sí el pardal que canta, para que comprendamos que el tiempo pasa sin sentir (en Rosillo, ese pájaro es «Un jilguero»).

La parte III del libro se compone de poemas de amor que a la vez se alimentan de la tradición y se alejan de los convencionalismos, poemas que juegan a romper (como la lluvia) las defensas del lector sin privarse de algún guiño a Lope. Al fin y al cabo, Daniel Fernández imparte clases de Literatura del Siglo de Oro. En el más personal «Propósito de año nuevo», el poeta se propone «perder de vista el mundo / como cuando de niños / nos daba por ponernos a dar vueltas / y vueltas y más vueltas / hasta caer rendidos en el suelo / de tan felices».

Arturo Tendero

David González: *La canción de la luciérnaga*
Páramo, Valladolid, 2023

«Como casi siempre / en esta vida fea y gris // la luz / la tendremos que poner / nosotros».

A David González (San Andrés de los Tacones, Gijón, 1964-2023) le hubiera emocionado mucho la resonancia que ha tenido su muerte, los muchos amigos y admiradores que se han manifestado recordándole. Él se quejaba de que su poesía no se valorase. Era un bohemio en unos tiempos en que la bohemia sigue existiendo, pero más desatendida y subterránea que nunca.

Contaba que se había hecho poeta en la cárcel y escribía a la manera de Bukowski, haciendo de su lucha por salir adelante un poema diario. En su libro *La canción de la luciérnaga*, que no llega a ser póstumo porque la familia, el editor y la imprenta se conjuraron para que tocase al menos un ejemplar con sus manos antes de morir, cuenta que «la poesía / es todo aquello que te deja / cicatrices / en el alma, / en la piel y / por supuesto // en el corazón».

En definitiva, su poesía era su vida. Hablaba de ella con franqueza, iba al grano, lo que no quiere decir que escribiera a vuelapluma. Había conseguido una aparente sencillez (que diría Borges) reelaborando la experiencia a través de símbolos como el revólver Colt 45 que llevaba tatuado en el hombro derecho o el saco de boxeo que le regalaron de niño. Pero también las ballenas blancas glaciales o los oasis del desierto, cualquier elemento que le permitiera describirse como un derrotado que reina en la ironía de los versos. En «Centrifugado» dice: «Y entonces / se estropea / la lavadora: // la única / que me hacía sentir / limpio».

El descreimiento era su tema, pero había desarrollado una gran habilidad para esquivar el patetismo. «Una causa, Ainhoa, / no está perdida / hasta que nadie / lucha por ella». Así iba el libro, bien encauzado, cuando le diagnosticaron el cáncer de esófago y la inminencia se adueñó de su vida y del poemario. Ya no se sentía en el mundo de los vivos, aunque tampoco en el de los muertos. Y añadía que «la vida, / aunque muchas veces nos lo parezca, / no es una guerra. / Así pues: a qué o a quién / enviarle mi bandera blanca». Zanjó su escritura con otro símbolo: la palabra fin.

Dionisia García: *La apuesta*
Nausícaä, Murcia, 2016

Dionisia García (Fuente-Álamo, Albacete, 1929) ha escrito en *La apuesta* su poemario diferente. Lo es desde el título: una apuesta puede ser un simple juego; pero *La apuesta*, con el artículo definido por delante, la apuesta con mayúscula, se hace sobre la mesa de la vida, con el «no va más» como consigna, con el «me lo juego todo a ese número o a ese color», sin reservar fichas ni cartas para futuras tiradas.

Y sin embargo no se advierte desesperación, al contrario. Los endecasílabos serenos nos transportan hasta el borde del horizonte y allí se sientan con nosotros y repasan los indicios, que fluyen y refluyen y no se dejan atrapar: «Esta noche me llega el mar inmenso / plagado de la luna; la belleza invasora. / Todo es aquí quietud, ni siquiera un susurro. // La promesa se apaga ante el mar perezoso».

La apuesta es un libro religioso, es una conversación de la autora con su propia fe. Pero los elementos que dispone sobre el tapete conforman la vida que ha vivido, y eso nos vale a los lectores agnósticos. De hecho, tiene mucho de balance y también de despedida, de aceptar el relevo natural, como ocurre en «Recado»: «Tú estás y yo he pasado. / Eres la realidad en la memoria». Hay un sentirse eslabón en la cadena de las generaciones, de disposición a pasar el testigo, pero sin prisa por terminar de apurarlo: «Regreso en tiempo nuevo, / con gestos repetidos que fueron de los otros / y alguien cree que se inventan. (…) Esperar es mejor que haber llegado».

Como era de esperar, no hay constataciones, no hay hallazgos satisfactorios, solo indagación: «La búsqueda no cesa, vislumbramos la luz / desde el tren clandestino de todas las esperas. / (…) Vive porque ha vivido. El camino ya es término.» Y, en el camino, conviene deleitarse en la luz primera, en la hora prima, en el pan nuestro, en el atardecer, en el acto de recordar, que permite recobrar lo que se nos escapó en el instante: «Todo estaba presente y no advertido, / solo en el recordar es verdadero». El poemario termina con una despedida tan serena como el resto del libro, un poema titulado «Adiós» que se debate entre la necesidad de aligerar la carga y la acumulación de los apegos.

En *El mundanal ruido* también aparecieron reseñas de los libros *Atardece despacio, Mientras dure la luz, Clamor en la memoria* y *Vuelo hacia dentro*, de la misma autora.

ARTURO TENDERO

Eduardo García: *Duermevela*

Visor, Madrid, 2014

«A los poetas que pensamos, se nos excluye». Esta era la queja que deslizaba en privado Eduardo García (São Paulo, 1965-Córdoba, 2016), en los momentos de insatisfacción que todos los poetas sienten a menudo. Y, sin embargo, en los últimos años había crecido sensiblemente el reconocimiento hacia su obra: había sumado los premios de la Crítica, Fray Luis de León y Ciudad de Melilla a otros anteriores como el Ojo Crítico o el Antonio Machado de Baeza. Podía decirse que había conseguido abrirse un espacio, a pesar de ser un poeta que pensaba.

Tampoco podía dejar de hacerlo. Al fin y al cabo, era pensador de profesión, profesor de filosofía en Córdoba. Y se había centrado en desentrañar el proceso de escribir poesía. Su manual *Escribir un poema* (2000) es más que recomendable para quienes quieran familiarizarse con la cocina de la creación. Pero también se preguntó de qué modo se podía actualizar la manera de escribir poesía en el siglo XXI, apoyándose en la tradición. Y se respondió desarrollando lo que llamó «poesía del límite», en la que revisaba el simbolismo imperante y se proponía superarlo a partir de la psicología, tendiendo puentes entre el realismo y el ensueño.

Lo explicó detalladamente en el ensayo *Una poética del límite* (Pre-Textos, 2005). Pero no se conformó con establecer una teoría, más o menos plausible, sino que ya la estaba experimentando en su propia escritura y siguió haciéndolo hasta el último poemario, *Duermevela*. Se trataba de explorar las fronteras entre el consciente y el inconsciente, entre la vigilia y el sueño, entre la realidad y la imaginación, en una actitud de búsqueda continua.

Quiso comprobar si su teoría funcionaba aplicándo-sela, como esos científicos que se utilizan como cone-jillos de Indias y se inyectan a sí mismos sus fórmulas para ver si surten los efectos deseados. Para contrastar los resultados, ahí quedan sus libros: *No se trata de un juego* (1998), *Horizonte o frontera* (2003), *La vida nueva* (2008) y el mencionado *Duermevela*.

Cultivó también el aforismo antes de que una enfer-medad se lo llevase el 19 de abril de 2016 a los 50 años. «Voy / en busca de un azul extraordinario / perdido en las pupilas de la infancia», decía uno de sus últimos versos.

Elena Román: *Amapolamen*
Gato Encerrado, Toledo, 2023

«Hablo para que nadie me entienda. Hablo para que ciertos gatos se acerquen. Porque callada parezco otra. Porque me noto la piel como arrodillada».

El surrealismo de Elena Román (Córdoba, 1970) no se aparta de lo cotidiano, sino que transfigura el día a día en imágenes audaces que tienen algo de los dibujos de un pijama. Enseguida las identificamos. Desde el título, que parece una broma, pero no lo es en absoluto, y siguiendo con poemas en prosa perfectamente cuajados, nos acerca a una historia de amor llena de inseguridades: «El amor es una casa para cien donde viven dos. (…) En el amor hay goteras desde el principio que en el principio no afectan».

Como el místico Juan de la Cruz, la entrega total la expresa con vuelos: «Voy en pájaro hacia ti, no cierres la ventana». O, en otro momento, «porque cada mañana pienso que podría regresar para verte, cada noche cierro mi habitación y abro el aeropuerto».

El paisaje de cada poema participa del estado emocional y lo cataliza. Así lo apreciamos en una larga sucesión de ejemplos: «en la playa nadie piensa sin arena en su pensar»; «es imposible ver qué dedo enciende la estrella»; «me desplomo, por supuesto, pero antes de llegar al suelo soy una carretera»; «maldita sea, la arboleda sigue ahí, ¿entiendes lo que significa eso, maldita sea? Que llueve».

La vida transcurre a través de una realidad líquida, en la que las dudas sobre la existencia de la relación amorosa se confunden con las dudas sobre la propia existencia: «Lo que no existe, no importa, ¿no? Nosotros existimos, ¿verdad? Eso importa».

En cuanto a las zozobras cotidianas, toman forma de pensamientos que mueren atropellados, de lunares que opinan como grillos, enredadas en una atmósfera con algo de cuento infantil: «algunas noches de invierno se ve a lo lejos una luz encendida que reconforta. Pero a lo mejor es el infierno». El presente es inestable, el pasado pura irrealidad: «es como si no hubierais pasado el tiempo y tú». Y, no obstante, en ese mismo pasado está la esperanza de «que la alegría sea recuperable aunque para eso haya que andar hacia atrás hasta llegar al momento en que empezó a perderse».

ELOY SÁNCHEZ ROSILLO: *LAS COSAS COMO FUERON*
Tusquets, Barcelona, 2018

«Sé muy bien / que no fui yo quien hizo los poemas / que en mis libros figuran. Fueron ellos / los que a mí me crearon, los que han ido / poco a poco tejiendo el nombre que me nombra, / la identidad que tengo».

Eloy Sánchez Rosillo (Murcia, 1948) recapitula por cuarta vez y recompone su poesía completa bajo el título de *Las cosas como fueron*. Diez poemarios que, como él mismo indica en la nota preliminar, podrían dividirse en dos grandes etapas: los cinco primeros en los que lamenta el paso del tiempo y los cinco últimos en los que celebra la vida. El sexto libro, *La certeza*, vive la transición entre ambas tendencias.

En cualquier caso, antes y después, la poesía de Sánchez Rosillo fluye con naturalidad, nombra todo lo que hace falta para que le acompañemos en la emoción serena, crea un universo propio que nos embarca en su fascinación. Dice que, atendiendo el consejo de su amigo Ramón Gaya, no ha retirado ni un poema. Sin embargo, ha restañado, retocado y pulido aquí y allá.

La tentación de este lector, que lo ha seguido desde siempre, es comprobar si han experimentado algún cambio poemas que tenemos por emblemáticos suyos, como «Un jilguero», «El eremita» o «Casta diva». Y detecto que en algunos casos sí, casi siempre para mejorar, aunque tendemos a considerar como intocable lo que una vez nos emocionó con solvencia. Pero el poeta no piensa en nosotros, sino en la posteridad, y tiene derecho: son sus poemas.

Los que han tenido ocasión de acercarse a Sánchez Rosillo en uno o dos libros aquí podrán saborearlo completo, desde *Maneras de estar solo* hasta *Quién lo diría*, con el añadido de tres poemas inéditos que apuntan ya hacia un libro exento en un futuro no lejano. Tratan de un reencuentro con su madre, en una atmósfera onírica, de un mensaje a sus lectores póstumos y de las consideraciones que le suscita la lectura de cartas que los indianos enviaban a los parientes que habían quedado en la Península, misivas sencillas y nostálgicas, que el poeta eleva y transfigura. Aunque esta reseña no puede ser más que una paráfrasis. Conviene leerlo para hacerse una idea propia: «El ser entero pone / en lo que va escribiendo. / Todo el idioma tiembla en sus palabras».

En *El mundanal ruido* también aparecieron reseñas de los libros *Antes del nombre*, *Quién lo diría* y *La rama verde*, del mismo autor.

ARTURO TENDERO

FELIPE BENÍTEZ REYES: *LOS EXPEDIENTES DE LA MADRUGADA*
Visor, Madrid, 2023

«¿Quién no ha aprendido aún que esta grandeza / lo es precisamente por efímera?».

Desde los primeros versos y durante todo el libro, Felipe Benítez Reyes (Rota, 1960) está cantándole al tiempo que se escapa entre los dedos. El tópico virgiliano del *tempus fugit*. Lo hace a su manera chispeante: «el tiempo como un duende asesinado», «el tiempo que fue nuestro y no era tiempo», «ya no tienes el tiempo de tu parte. / Ya eres el final de tu ficción». Pero lo que en otros libros eran deslumbrantes enumeraciones que exhibían el músculo del ingenio ahora vienen domesticadas, hilvanadas al servicio de la reflexión. Poemas como «Divagación acuática», «Infancia» o «Heroica» están entre los más logrados y hondos del autor roteño. Ha llegado a la edad de hacer balance y de constatar que lo que fue quedando atrás es tan inaprensible como el ahora: «el recuerdo que se detiene en el aire / como un pájaro muerto en pleno vuelo», «las ideas que se mueven por el pensamiento / como serpientes decapitadas». Todo transcurrir ha sido fugaz. Y, curiosamente, lo que merece la pena es eso que no puede atrapar el pensamiento, que fluye en los sentidos: el concierto acuático de la lluvia que podría ser un caos y es un método, la canción del viento: «escucha esa canción (…) y da las gracias, / aunque no sepas / por qué». El mundo es «el mapa de un tesoro que no existe, / pero nuestro». Cada ser humano es único e irrepetible, la música que en él resuena es «la música de un mundo / desconocido para los demás». El autor va atravesando estas verdades con pulso narrativo, fingiendo que lo que enumera son brumosos expedientes, los que anuncia el título, incluso remitiéndose a versos anteriores mediante cláusulas del tipo «como dije al principio». Todo ello es poesía. También cuando dice de los clásicos que «todos cantan desventuras / y, sin embargo, qué aroma a yerba nueva, / qué limpia el agua va por esos versos…». Incluso se rinde y le habla a esa mano invisible que «a diario bosqueja / el paisaje teatral del mundo» para agradecerle «esta artificiosa ficción de eternidad que apenas dura». El libro ha recibido el premio de poesía Marpoética en su primera edición.

En *El mundanal ruido* también aparecieron reseñas de los libros *Las identidades* y *Un mentido color*, del mismo autor.

ARTURO TENDERO

Félix Arce Araiz: *Recogido en el agua*
La Isla de Siltolá, Sevilla, 2018

«¿Cuánto tiempo se necesita para contemplar la lluvia? O para escuchar el sonido del viento entre el bambú. ¿Cuánto tiempo aguardará la araña sobre su seda, suspendida del cielo? ¿O cuánto tiempo necesita una gota de agua para desprenderse de la gota que la sostiene tras la lluvia? ¿Cuánto tiempo para contemplar la nada? ¿Cuánto tiempo para nombrarla?».

Félix Arce Araiz (Momiji) (Bilbao, 1971) ha viajado al Japón de los maestros del haiku en busca de la pureza. El resultado es este libro titulado *Recogido en el agua*, donde agrupa sus hallazgos en torno a títulos como el río, la montaña o el viento. Ha mezclado la prosa con el haiku. Pero se trata de una prosa con sabor a haiku, como la que ensayó el maestro Basho en *Sendas de Oku*. Los japoneses llaman *haibun* a este género. De todos modos, este lector considera que, si no hay humanidad involucrada, si no se atisba la persona que hay detrás de los ojos que simplemente observan, lo que nos cuentan carece de mordiente.

Por fortuna, Félix Arce, aunque se esfuerza, no consigue ausentarse. Confiesa su miedo cuando parece a punto de diluirse: «Pienso en los chopos que agita el viento ahí fuera. Se mece mi mente perezosa con ese pensamiento. Y dentro de mí sin embargo nada se mueve ahora. Nada. Me asusta este silencio que no es mío. Esta quietud, la quietud incomprensible y terrible de una golondrina muerta». Confiesa asombro: «Ante mis ojos el mundo se muestra como una revelación, como lo que es. Porque es así. Siempre lo veo por primera vez. Pienso, pienso y siento que ya lo estoy perdiendo…»

También a veces muestra frustración: «Un día, tras una noche de lluvia, la araña que vivía en mi ventana desapareció. Pasé tanto tiempo mirándola, allí, sin hacer nada, ella y yo, que creí que siempre estaría allí. Siempre… Cómo me traiciona ese "siempre". Qué fácilmente adjudico un "siempre" a las cosas que mi corazón sabe que no duran». Una vez más, se acumula tanta observación que es necesario hurgar en la hojarasca para hallar las perlas: «A veces el mundo parece girar más deprisa y son meses los años y los recuerdos lluvia entre la hierba».

FERMÍN HERRERO: *EN LA TIERRA DESOLADA*
Hiperión, Madrid, 2021

«Qué ingenuo, creías estar / nombrando al
mundo. Pero cómo temblaba el agua».

El soriano Fermín Herrero (Ausejo de la Sierra, 1963) ha
ganado premios importantes, entre ellos el Nacional de
la Crítica en 2016. Ahora ha dado a la imprenta *En la tie-
rra desolada*, en su editorial de siempre, Hiperión. Tam-
bién el poeta sigue siendo el mismo: yendo a lo suyo con
humildad, como si no pasara nada, en su universo rural,
con sus poemas sin título que se vertebran en versos que
se encabalgan zigzagueantes unos en otros y se rompen
como si la sintaxis importara menos que el ritmo, que
al fin y al cabo lo rige el propio mundo con sus leyes
secretas.

Porque se trata de eso, de observar, de vivir, de aceptar:
«Y la hermosura, tanta, cómo declina / o se pierde, o es-
capa simplemente / en nuestra ofuscación. Pero está y no
cabe / interpretarla y mucho menos apropiársela / ni bus-
car lo absoluto. Debo / dejar constancia aunque no sepa de
qué. Las cabezas / de trigo, cuando granan, se inclinan».

Defiende Fermín Herrero que para desempeñar bien
cualquier oficio es mejor no pensarlo, o fingir que no lo

piensas. Asegura que eso hacían los campaneros: ocultaban las claves de su oficio y a la vez trabajaban como si las ignorasen «por respeto al misterio». El oficio de poeta se presta al mismo guiño; recuerda que «Antes / de la pandemia, mis poemas sonaban ya, en aquel / salón de actos, a calderilla, a rumor solitario».

Y no obstante los poemas de Herrero nos acercan el croar de las ranas que acallan al río mientras la noche avanza, al «agua finísima / que rezuman las rocas, en las fuentes / que nacen cerca de las raíces», donde llega aplacada, «remota la confusión / del mundo, su tragedia». Con la misma discreción, Herrero nos ayuda a entender que para disfrutar de esos prodigios es necesario comulgar con ellos, dejarse ir en ellos, porque, como el conde Arnaldos, el agua del arroyo solo dice su canción al que con ella va. La poesía de Herrero, como la naturaleza, te lleva si dejas que te embarque: «He visto amanecer. La calma y la alegría / de los pájaros, junio, las estrellas / en el frescor de la alborada».

En *El mundanal ruido* también aparecieron reseñas de los libros *Fuera de encuadre* y *Estancia de la plenitud*, del mismo autor.

Fernando Beltrán: *La curación del mundo*
Hiperión, Madrid, 2021

«Todo tiene sentido cuando todo se pierde.
/ Cuando ya nada es tuyo, pero aún es contigo».

Fernando Beltrán (Oviedo, 1956) ha escrito uno de esos libros marcados por la experiencia en el umbral entre la vida y la muerte. *La curación del mundo* es la curación del cuerpo. Si alude al mundo es porque el cuerpo representa el universo entero para cada uno de nosotros, es nuestro confín. «A la naturaleza le da igual que mueras o no mueras…»; así empieza el poema «La jerarquía del ángel», que es una larga oración de ruego o de agradecimiento, escrita en tono de salmodia, con fuga de imágenes, con repeticiones que son ritos fluyendo en el proceso. «Los ángeles no existen, aparecen», dirá más adelante.

Es en esos momentos, cuando uno está amando el mundo y despidiéndose, cuando lo cotidiano adquiere una intensidad visionaria. Da lo mismo contemplar un prado que el cuerpo de la amada, porque ambos confluyen: «y mírala dormir, ensimismada / como si fuera hierba». Todo está mezclado y magnificado, incluso el motor de la vida, antes tan insignificante: «latidos que confunden en mi cuerpo / lo grave con lo agudo, la salud con la muerte, / el estupor desnudo con la danza / del universo entero».

Además del poema mencionado, escrito como en trance, hay otro emblemático en el libro, que se titula «La boca del león». Es el león de los circos, en cuyas fauces introducía la cabeza el domador, suspendiendo la respiración del planeta. Beltrán en el poema es a la vez el niño del público y el domador que expone su cabeza al riesgo del mordisco, y el poema es la respiración contenida. Beltrán escribe mucho con parataxis, con imágenes yuxtapuestas que sostienen la búsqueda. Escribe odas a Goya, a la ballena, al Cantábrico, a la soledad del cisne, que es la dignidad de la belleza en peligro: «El frío no es la piedra. / El frío es nuestra forma de sentir la piedra. // Mi fiebre no es la fiebre. // La soledad del cisne. // Quieto, digno, estirado / sobre el agua estancada, // con su belleza a cuestas». En otro poema dice: «Me muero de belleza / y sangre roja // atada al corazón».

Francisca Aguirre: *Ensayo general*

Calambur, Barcelona, 2018

«No sé qué hacer con todo aquello que
he perdido, / pero sé que el tumulto de
esa pérdida / me acompaña insistente y
testarudo. / Lo que no tengo siempre está
conmigo».

Unos meses antes de que la muerte se la llevara el pasado
mes de abril, Francisca Aguirre (Alicante, 1930-Madrid,
2019) recibió el Premio Nacional de las Letras y vio la
reedición de su obra poética reunida en Calambur. El
título es *Ensayo general*, el mismo de uno de sus poe-
marios publicados y el mismo con que bautizó la ante-
rior versión de su obra reunida aparecida en la misma
editorial en el año 2000. Entonces la prologaba Emilio
Miró y en la nueva edición lo hace con buen pulso María
Ángeles Pérez López. A Aguirre le faltaba en el anterior
momento la mitad exacta de su obra, que ahora abarca
un total de doce libros. El último de todos, *Una larga
dolencia*, estaba inédito hasta la fecha.

Es una obra que cubre cincuenta años de escritura
poética y que empezó con un título mítico, *Ítaca*, escri-
to con una frescura y un poder simbólico que siguen

vivos y creciendo: «¿Y quién alguna vez no estuvo en Ítaca?». Ya entonces se debatía entre lo que fueron sus dos grandes desafíos, la desesperanza y la supervivencia: «Pero Ítaca está dentro, o no se alcanza. (…) Sin palabras, sin dioses, Ítaca es solo el mar / y un cielo que la aplasta». Poemas como «El oráculo», «Paisajes de papel» o «La bienvenida» están ahí, como referencias de una generación y un punto de vista femenino y por tanto imprescindible: «Y todo son / causas perdidas. / Las adorables / causas / pequeñitas. / Los instantes aquellos que causaron / una breve alegría».

Su biografía marcó también su destino: desde que el franquismo ejecutó a su padre, el pintor Lorenzo Aguirre, a su vida con el poeta Félix Grande, que transcurrió en gran medida a la sombra de su marido. Sobre ambos temas giran recurrentemente sus evocaciones. Como suele ocurrir, una obra completa o reunida diluye la potencia de un poeta. Sin embargo, el libro inédito *Una larga dolencia* añade novedad y también algunos de los mejores versos de Aguirre, como el poema «Fronteras»: «Algunos senderos / parecen conducir al paraíso. // Pero solo conducen. / Solamente conducen, / conducen y conducen».

Francisco Brines: *Donde muere la muerte*

Tusquets, Barcelona, 2021

«Mi cuerpo, ya vencido / por la edad importuna, / se hace prado en el río, / atardecer suavísimo».

Francisco Brines (Oliva, 1932-2021) estuvo 25 años madurando un puñado de poemas cuyo destino natural sería un libro, que nunca terminaba de parecerle completo. La muerte llegó antes. Ahora, el libro sale a la luz, póstumo, y se llama *Donde muere la muerte*. Los editores aclaran que Brines no pudo corregir las pruebas, por lo que han respetado los últimos manuscritos del poeta de Elca.

Aunque con distintos grados de acabado, el libro continúa las líneas habituales del que fue premio Cervantes 2020, sus temas de siempre y sobre todo aquella prosodia tan suya, tan minuciosa, casi táctil a veces. Así, compartimos con él las tardes contempladas con serena celebración, «con un ocio sabio y rutinario»: «hoy se apaga la tarde / con lentitud, / se acerca hasta el vacío; / y el día que se acaba / ha sido muy hermoso».

Brines, que desde muy joven anticipó las andanzas de un hombre anciano por su casa de Elca, que anticipó incluso la ausencia de sí mismo en la casa, se afana en este libro en mantener vivo el pasado «para salvar la memoria que perdí». Habla de todo lo que sigue estando, sabedor de que así seguirá: «cuando yo estoy ausente de esta casa, / se suceden aquí los días para nadie, / los cantos sin fatiga de los pájaros, / la gloria de los soles descendidos / las nubes que se forman / para que el ojo humano las descifre / antes de su disipación».

Ya lo hizo en libros anteriores, pero ahora Brines insiste en regresar hasta la niñez y contrastarla con el presente en poemas intensos como el titulado «El niño que contempló el mundo», subtitulado «El último rezo». O, en otro momento, cuando dice: «Fuera del hospital, como si fuera yo, recogido en tus brazos, / un niño de pañales mira caer la luz, / sonríe, grita, y ya le hechiza el mundo / que habrá de abandonarle. / Madre, devuélveme mi beso». El broche final es un hermoso poema, mitad consejo mitad testamento, que Brines dedica a sus dos hijos literarios, Carlos Marzal y Vicente Gallego, y que se titula «El vaso quebrado».

En *El mundanal ruido* también apareció reseña de *Desde Elca*, del mismo autor.

ARTURO TENDERO

Francisco Caro: *Aquí*
Mahalta, Ciudad Real, 2024

«Aquel ayer / que me niega su olvido».

Dice Francisco Caro (1947) que escribió muchos poemas de este libro con el afán de que sus paisanos de Piedrabuena los leyeran y lo quisieran más. Quería ser inteligible. Porque la poesía arrastra esa mala fama, disuasoria, de que es costoso leerla. El libro *Aquí* se afana en contrarrestar esta creencia tan generalizada. Caro ha recurrido a una segunda edición, cuatro años después de que la pandemia diluyera el primer intento.

Poeta con oficio, sabe que solo con recuerdos, por muy vívidos que sean, no se construye un poema. Por eso ha buscado modelos que a otros les funcionaron. Por ejemplo, a sus maestros Antonio Machado o César Vallejo. Aun así, los poemas que mejor funcionan son aquellos en los que separa un poco la mirada de los caminos trillados y se fija en los cernícalos primilla anidando en la iglesia o recuerda aquellas cartas enigmáticas que un pretendiente le envió a su madre y que un día aparecieron en el desván. También cuando juega a rescatar su memoria de niño: «no era un juego infantil, ya era la vida». Son poemas de la primera parte del libro,

«Días y tierra», donde las evocaciones tienen con más frecuencia nombres y oficios concretos.

En la segunda parte, «Patio y en ocasiones agosto», Caro se ajusta el gorro de jardinero y sale a regar y a hablar con las plantas («¿es señal de cordura estar así…?») y saca «el agua del pozo, del misterio / donde ahondaron mis tíos» y comprende que «en el patio de agosto / tú y yo somos el tiempo» y describe «el polvo virgen de las secas / llanuras interiores», un polvo «que ignora / el verde desespero / de los árboles, este / polvo no sabe, no responde, / no desea caminos / que den al mar, solo pregunta / por los vivos y vuelve, / por los muertos y vuelve».

Cierra el libro que tenía en las manos y encierra el sol en las páginas mientras intenta aprehender la hora del crepúsculo «de una tarde que tiene / algo de piedad, de luz confusa, / pero es así como hablan nuestros dioses». En la tercera y última parte, «Respiraciones», más abierta aún al paisaje y al tiempo, Francisco Caro comprende y nos transmite que el saber de poeta, como los oficios de sus mayores, es un saber prestado.

En *El mundanal ruido* también apareció reseña de *En donde resistimos*, del mismo autor.

Arturo Tendero

Francisco Díaz de Castro: *Vamos a perdernos*

Vandalia, Sevilla, 2020

«Si siento urgencia de algo, es de estar solos. / Y que suene la música».

La música tiene, como la poesía, el don de proporcionarnos recuerdos ajenos. Y sueños ajenos. El más reciente libro de Francisco Díaz de Castro (Valencia, 1947) es una colección de poemas y al mismo tiempo una colección de canciones. Está cargado de una nostalgia nocturna y contagiosa: «Hermoso es lo que fue, contra la muerte, / contra el silencio sucio que la edad amontona, / contra la soledad ensimismada».

Como en las novelas negras, la atmósfera huele a humo de tabaco, tiene un toque de alcohol, y siempre hay un disco sonando. La mirada se pasea por los rincones del cuarto y encuentra imágenes que nunca volverán: «La tienda ya no existe, / quién sabe qué será de aquella chica. / Al fondo del oscuro callejón, / un gato gris y charcos».

Hay un momento de la noche en que ese ambiente, alimentado por la melancolía, por un rumor de mar, alcanza tal densidad que solidifica. Y, entonces, el estado de ánimo cuaja en un espacio: «Qué extraño este lugar, / qué distintas las horas de esta noche / que parece propicia para una despedida general, / esta noche en que el frío del aire es una música / o sólo un ritmo lento / de escobillas de blues dentro del corazón / de un bosque como yo, tan fantasmal / y a la vez tan despierto y tan esquivo».

A veces, resurge aquella rabia pacífica de Díaz de Castro, una rebeldía contra lo inevitable, una impotencia que solo encuentra en la música el refugio seguro: «buenos días, la vida cotidiana / y ya no sé siquiera para qué». Sale entonces al encuentro de esa rabia. La busca porque el dolor que provoca es vida. Fue vida. Pincha el disco y ahí la tiene: «la temo y sin embargo yo no puedo rehuir / su música prohibida, sucia de su verdad, / sucia de sus secretos. / Como otra fruta extraña la siento cada vez / que llega la certeza de mi tiempo gastado, / corteza adentro por la pesadilla».

El último poemario de Paco Díaz de Castro se llama *Vamos a perdernos*, como una canción de Chet Baker. Nos invita a escuchar música y a bailar lento, al ritmo de sus verdades.

En *El mundanal ruido* también apareció reseña de *Cuestión de tiempo*, del mismo autor.

ARTURO TENDERO

Francisco García Marquina: *De mi paso fugaz*
Mahalta, Ciudad Real, 2022

«Una cosa no hay: es el olvido. / La memoria sostiene nuestra casa / y aunque sentimos que la vida pasa / no pasará jamás haber vivido».

José Luis Morales dibuja con buen pulso el personaje de Francisco García Marquina (1937-2022) en el prólogo de esta antología poética que ha aparecido póstuma porque el poeta murió el 7 de enero. Nos asomamos a su dimensión vital, que es también poética, porque publicó veinticuatro poemarios nada menos, además de poemas sueltos e inéditos que se han añadido. La selección corrió a cargo del propio Marquina (su segundo apellido, que es la imagen de marca con la que todo el mundo lo menciona). También decidió que el libro seguiría un orden cronológico. Lo tenía encarrilado cuando nos dejó.

Tanta prolijidad en la escritura demuestra una facilidad excesiva que no contribuye ni a la calidad del conjunto ni a la intensidad más conveniente. Sus amigos, que los tenía por docenas, no han querido tampoco menoscabar ni un ápice este homenaje que le rinden en la ciudadrealeña editorial Mahalta. Pero, espigado el conjunto, se encuentra una sabiduría poco común y no pocos poemas memorables. Tenía Marquina una deuda con Borges, que se aprecia en la cita que abre esta reseña, pero sabía pastorear el poema en su propia filosofía del vivir, que era más bien senequista.

Es curioso que, en medio de tantos libros, que abarcan una horquilla entre 1970 y 2022, sean tan fácilmente rastreables las líneas maestras. En especial, el asombro de estar vivo y consciente («yo he nacido viejísimo») y a la vez la sensación de no ser en absoluto dueño de sus acciones («mi vida vive su vida») ni siquiera cuando tiene el privilegio de escribirlas: «Tengo una rara fe en lo que escribo / pues se trata de mí a pesar mío».

Marquina, que tuvo tiempo de nacer en la embajada francesa en Madrid, de hacerse biólogo, de impulsar el escultismo, de retirarse a Guadalajara a criar truchas, de ser amigo y biógrafo de Cela, y de otras cosas que no caben aquí, se quejaba de haber vivido escasamente, menos de lo que convendría a un hombre de sus posibilidades, y en sus últimos poemas seguía definiéndose como «un bullicio de interrogaciones».

ARTURO TENDERO

Francisco Lucio: *A la música*

Corona del Sur, Málaga, 2022

«Doblemente enlunado en esta noche,
pienso / en esta paz que tengo, mas que no tiene
el mundo».

Según la solapa del libro, Francisco Lucio (Roquetas de
Mar, 1933-2021) fue poeta, crítico literario, profesor,
periodista, funcionario y abogado. También, entre otras
cosas, fundó con José Batlló las revistas *L'Arpa* y *Taifa*.
Antonio Pérez Roldán cuenta en el prólogo que Lucio
reconocía siete de los libros que consiguió publicar, pero
solo uno de ellos vio la luz en sus últimos veinte años
(*Tiempo romance*). Aun así, todos pasaron desapercibi-
dos porque los editó él mismo o aparecieron en colec-
ciones limitadas. «Poco inclinado a la mendicación de
favores y a la autopromoción, Lucio pensaba —ingenua-
mente, dirán muchos— que es la obra la que tiene que
hablar de uno y no al contrario».

A la música reúne una selección de poemas extraídos
de *Hojas secas*, su diario poético, que quedó inédito al
morir. El título es un guiño al libro *A la pintura*, de Al-
berti, aunque trocando la plástica por la música. De los
37 poemas que lo componen, 33 aluden a una compo-

sición musical, que colegimos que ha activado la inspiración del poeta. La noche funciona como un escenario proteico para convertirse en lo que quiera la música: «la noche es solo noche / junto a mí, y es la música la forma que le doy». Lucio traduce las piezas que escucha en ríos, vientos, cuevas, flores, estrellas. Se maravilla de estar tan a gusto, viendo lo mal que funciona el mundo. Hay benevolencia, pero sabiamente neutralizada por el clasicismo del verso.

El ambiente rizado evoca la «Oda a Salinas» de fray Luis de León o las *Leyendas* de Bécquer, aunque también hay ecos de Juan Ramón o de Claudio Rodríguez. «Con rumores lejanos, / con vagas hecatombes de remotas comarcas, / consuena su violín mínimo el grillo, / monocorde solista de la noche. Y penetras, / más humano que nunca, en el misterio; / tú, el habitante impuro de toda la pureza; / el testigo asombrado de la música, del milagro supremo. / Y sientes como nunca la finitud humana / mientras la noche extiende su presencia infinita».

ARTURO TENDERO

Francisco Torres Monreal: *Estancias y reencuentros*

Libros del Innombrable, Zaragoza, 2022

«Si te decides por el viaje / no has de ver en las piedras solo piedras».

Francisco Torres Monreal (Ribera de Molina, 1943) publicó hace tres años un libro apasionado sobre el arte poético que tituló *Introducción básica a la poesía* (Cátedra). Este nuevo volumen, *Estancias y reencuentros*, que ahora comentamos, viene a ser el envés de aquella incursión teórica. Se trata de un libro de poemas, dividido en ocho capítulos, centrados en otros tantos lugares del planeta donde el autor estuvo de visita o bien vivió momentos particularmente intensos de su vida.

Por dos de ellos sobre todo merece la pena acercarse a este volumen. Me refiero al primero, que dedica a la Grecia clásica, y sobre todo el último, donde se inspira en *Las flores del mal* de Baudelaire para dejarse ir en plena libertad creativa, más o menos como haría un músico de *jazz* recreando una melodía popular. Torres Monreal ha estudiado al poeta francés; incluso escribió una obra teatral sobre él, que se estrenó en Buenos Aires. Lo que ha hecho aquí es elegir algunas piezas muy cercanas a su manera de sentir el mundo, como «Elevación», «El hombre y el mar» o «De profundis», por citar algunas de las versiones más logradas. Al fondo de ellas late Baudelaire, aún reconocible. Sin embargo, al que estamos escuchando es a su intérprete: «En ti busco cobijo, noche amiga, / hoy muda y sin estrellas, / hermana del vacío al que ahora aspiro».

Otros capítulos del libro, como los dedicados a Notre Dame de París o Auschwitz, parecen trazados a vuelapluma, y tienen más valor testimonial. Aparte del homenaje a Baudelaire, cristalizan más y mejor los que tienen como escenario la aldea en la que el poeta vivió su niñez («y el niño se hizo hombre y habitó / uno más con los hombres sin relieve»), y sobre todo el capítulo primero, donde pasea por lugares emblemáticos de la Grecia antigua, un escenario que Torres Monreal lleva incardinado en el ser con la misma plenitud que la infancia. Se demuestra así que la relación con el entorno es crucial para alcanzar la altura poética: «no esperes encontrar la Grecia eterna / si el deseo no aviva tu nostalgia».

Arturo Tendero

FRUTOS SORIANO: *UN HOMBRE ALEGRE / NIÑO DE MAMÁ*
Uno Editorial, Albacete, 2022

«Mirar / la fealdad del mundo. / Comprender que también / nace de ti».

Decía Joan Margarit que el poema debe moverse en el borde del abismo, a punto de caerse, corriendo riesgo de caerse, cayéndose de hecho a veces sin remedio. Decía que, de lo contrario, le falta tensión y no emociona. El abismo al que alude Margarit es la emoción descontrolada, el patetismo. Frutos Soriano (Albacete, 1960) sitúa siempre su poesía en ese filo porque es un poeta con instinto torero. Por eso afronta retos solo comparables a aquel legendario libro, *Joana*, que el propio Margarit escribió en caliente tras la muerte de su hija.

Ahora Soriano ha escrito un libro que son dos, acoplados en posición invertida, de tal manera que por donde lo abras empieza uno de ellos: por una cara *Un hombre alegre*, por la otra *Niño de mamá*. El hombre alegre es el padre del poeta al que este rinde un homenaje que funciona también como duelo por su muerte. Se mueve, ya lo he dicho, entre el detalle circunstancial, rayano en lo privado, y el giro universal de un poeta dotado, sensible y minucioso. Se mueve entre hacernos sentir alipori y calarnos hasta el tuétano en poemas como «Tras la operación, ya en casa» o «Protección». Nos explica en este último que hizo todo tipo de rogativas y ceremonias, algunas absurdas, pidiendo protección para su padre, para concluir: «te protegieron. // De otra manera no se explican / esas expediciones por tu cuenta / al lavabo, de madrugada, / cuando ya no podías apenas caminar / y que siempre volvieses sano y salvo».

Ese giro humorístico no solo salva, sino que eleva ciertas piezas: «por el pasillo / de urgencias con mi padre / nos adelantan todos». Si en este libro Soriano hace exorcismo de las culpas que siempre quedan adheridas («en el bar fue donde mejor / nos entendimos»), *Niño de mamá* es una prospección de la identidad desde las raíces, desde la paliza que le propinó un niño hace cincuenta años en un lance que «ha sobrevivido hasta hoy / para ser exorcizado / en este poema». En «De repente», Soriano consigue columbrar la vida ausente, lo que el hombre creyó ver.

En *El mundanal ruido* también apareció reseña de *Poca cosa*, del mismo autor.

ARTURO TENDERO

GLORIA FUERTES: *ANTOLOGÍA DE POEMAS Y VIDA*

Blackie Books, Barcelona, 2017

A veces un buen poeta puede convertirse en el peor enemigo de sí mismo. Gloria Fuertes (Madrid, 1917-1998), autodeclarada «estajanovista del verso», afirma en una de sus piezas más conocidas que escribía dos o tres poemas diarios durante una época de su vida, y reconoce que no los arreglaba. Escribía compulsivamente, con una facilidad desbordante y, por lo que se colige, lo aprovechaba todo, o casi todo. Vertía en el papel su vida con todos los detalles, incluidos los sueños y los barruntos.

Sus amigos y exégetas, que siguen multiplicándose, insisten en que no se la valora como poeta porque se dedicó a escribir para niños a partir de los años setenta, cuando se convirtió en un personaje televisivo con «Un globo, dos globos, tres globos», el poema que daba título al programa infantil de una generación. No obstante, parece que Gloria Fuertes no le hacía ascos en absoluto a esta popularidad, aunque a veces llegara a irritarse por la persecución a la que la sometían sus pequeños admiradores. De hecho, en uno de sus epitafios ella misma valora la fama conseguida: «Era una mujer fuerte y dulce. / Llegó a ser famosa, / tenía muchos amigos / pero siempre estaba sola. / (¡Anda, si era yo!)».

La sobreabundancia de poemas, muchas veces facilones, reiterativos, trenzados con ripios, y su omnipresencia recitándolos, cosa que le encantaba, lograron saturar a muchos posibles lectores. Es la poeta que más prejuicios acumuló en vida. Y no creo que influyera tanto su condición homosexual como esa mezcolanza del todo vale, todo para todos y el buenismo empalagoso.

Ahora, al cumplirse el centenario de su nacimiento, proliferan las antologías que la reivindican. Se trata de selecciones reunidas por admiradores como Paloma Porpetta o Jorge de Cascante, que hacen concesiones lógicas y necesarias a la memoria, la leyenda y la nostalgia. Eso sí, dejan las perlas muy a mano. En definitiva, lo que debemos preservar de Gloria Fuertes junto con clásicos como «Pienso mesa y digo silla» son un puñado de poemas directos, a veces muy breves, cercanos al aforismo, donde sigue siendo ella, pero va al grano y noquea: «Tápate, Glorita, / tápate, / que los sentimientos / se te ven».

GRACIA AGUILAR: *LIBÉRAME DÓMINE*
Pre-Textos, Valencia, 2017

«Hay un olor / a criatura palpitante, / a la
siesta de algunos niños, / a sudor y a frutos
salvajes, / que al fin viene de mí».

La poesía de Gracia Aguilar Almendros (Albacete, 1982)
nos alcanza húmeda de últimos sueños de adolescen-
cia, transformada en conjuro exorcista de los miedos,
en disipadora de las últimas nieblas que desfiguran e
idealizan la realidad. El *Libérame dómine* del título es el
mantra de una oración pagana que está desprendiéndo-
se de su tradición católica: «Señor, líbrame de la muerte
eterna. / Yo que siempre creí / en un final / con azoteas
luminosas, / hoy dudo».

Es una poesía buscando el lado salvaje. *Libérame dó-
mine* es un libro sensorial en el que los sentidos funcio-
nan como puertas o ventanas por las que escapar de los
corsés y recuperar la animalidad de la vida: «Acalla todo
pensamiento, Señor, / devuélveme / el estremecimien-
to / ante una nuca demasiado hermosa, / devuélvele a mi
pulso / irregularidades».

Una casa comida por termitas, el olor a suavizante de
la madre, incluso la crema Nivea, son refugios antiguos,

formas que adopta el miedo para atarte. Pero la poesía se convierte en un tirón de energía que desgarra todos los cordones, también el umbilical: «Esos segundos, / enloquecidos, / en los que soy / tan solo movimiento. / (…) Siento la cálida respiración / de la manada. / Huelo, respiro nuestra carne, / encendida y diversa. / Una mano acaricia mi pelaje / y aúllo feliz».

«Aunque es de noche (san Juan de la Cruz)» abre el libro con una inclinación de cabeza («Al apurar el zumo, / la cabeza hacia atrás…»), un gesto cotidiano que desata una sucesión de imágenes encadenadas, desde las copas de los pinos hasta «La luz entre los árboles / rubios que todavía gotean, / mojándome». En medio está la vida, con su pasado alejándose, con su gata vieja, con sus paisajes reveladores: «En las afueras miras / los barrios despoblados / y al fin comprendes / que el extranjero también era esto». La poesía de Gracia Aguilar es un mundo inocente que abre la puerta y se arroja de cabeza al mundo real: «Y sobre todo, / por favor, sobre todo, / que me lo crea».

GREGORIO DÁVILA DE TENA: *ENTRE EL DIAMANTE Y LA PENUMBRA*
Grupo Enuno, Albacete, 2023

«Brisa en la tarde, / la voz de las cigarras / cesa de golpe».

Gregorio Dávila de Tena (Quintana de la Serena, 1959) es editor del foro de haiku *Paseos.net* e, incluso cuando no escribe haiku, su obra nace muy cerca de la filosofía de este poema breve japonés. En la misma atmósfera espiritual encaja su proyecto de recrear los salmos del Antiguo Testamento acercándolos a nuestro tiempo. Para que el homenaje tenga rigor, Dávila ha compuesto 150 piezas, las mismas que tiene el original, y ha ido variando los temas (entre himnos, cantos, súplicas y acciones de gracias), así como los tonos (que son unas veces letánicos, otras jubilosos, a menudo intimistas). Eduardo Moga en el prólogo añade que Dávila también ha usado elementos técnicos de la tradición salmódica, como la anáfora, la repetición o el apóstrofe.

Ya entrando en materia, apreciamos una constante relación romántica entre el paisaje y el estado de ánimo del poeta: «dichosos los sauces que agradecen / la niebla y la mañana». Casi siempre son, de hecho, elementos del paisaje los que le proveen del silencio que facilita su control sobre las emociones: «cosechar el silencio de los árboles / entrar en el otoño / y diluirse». Aunque no es el único don que obtiene del mundo natural: «aprendo el arte del bramido / en la partitura de las olas». Y hasta ciertas personas en ciertos momentos le ayudan a serenarse: «las mujeres traen cántaros de calma».

Estos regalos bebidos de la luz, de los árboles, del mar, contrastan con «el rugido de las tecnologías, / la sed de los iconos, / el anzuelo de las redes...». En general los abismos y los precipicios oscuros, la penumbra del título, son creaciones humanas, «hombres que deshacen la noche / en una liturgia de precipicios». El silencio no es un refugio fácil: «cuanto sé del silencio lo aprendí con dolor». Pero el poeta constata que el odio es amor mutado, que la ignorancia es la polilla del mundo y que la alegría quizás sea demasiado solemne. Dios aparece apostrofado aquí y allá. Siempre responde con silencio, lo que ya se ha convertido en una tradición, aunque más reciente que los salmos bíblicos.

ARTURO TENDERO

ITZIAR MÍNGUEZ: *LO QUE PUDO HABER SIDO*
Huerga & Fierro, Madrid, 2019

«Lo que pudo haber sido / es a tu piel lo que la escarcha / al pétalo de una flor / una refrescante y caprichosa gota de rocío / que se posa sobre tu recuerdo / sin peso suficiente como para quebrarlo».

Por su fecundidad, cualquiera diría que Itziar Mínguez (Baracaldo, 1972) trabaja en los guiones para la televisión vasca con una hoja al lado en la que va desahogando los versos que le brotan para no olvidarlos. Su poesía hasta ahora se ha movido en el límite entre la realidad y el juego, entre lo posible y lo probable, entre la vida y los anuncios.

De pronto, en este libro, la verdadera vida, la que iba en serio, ha ido imponiéndose y los versos se le empiezan a poner de largo y a desperezarse. El título apunta a que acumulamos las experiencias que nos ocurrieron, pero también los anhelos que se quedaron en el tintero de la vida: «las nubes cambian / los sueños permanecen». Lo que hace Mínguez, con su voz en segunda persona, es hacer de la necesidad virtud: «no hay mejor manera de garantizar el futuro / que rentabilizar los fracasos». Al fin y al cabo «eres / la suma / de lo que no puedes tirar».

Como pasaba antes, pero ahora con más razón, la escritura es su mecanismo de defensa frente al estropicio de la vida, contra la certeza de que lo que vendrá no va a ser mejor precisamente: «ahora escribes / a lo que el tiempo te arrebatará seguro / escribes con el único fin / de anticiparte a las pérdidas que te aguardan». Deja claro Mínguez que la escritura ha ido moldeando su manera de ser: «y así / dejando para mañana / lo que tenía que hacer hoy / he ido haciendo cosas / que no estaban en mis planes // por eso soy poeta».

Y sin embargo, paradójicamente, prefiere perder de vista ese pasado del que ha ido dejando constancia en la escritura: «nunca releas tus diarios / ni las cartas que te enviaron / ni los mails que recibiste // es como asistir a tu propio funeral / y comprobar que no ha acudido nadie». La verdadera vida ocurre fuera y es verdad: «llueve con furia contra los cristales / la noche se cierne sobre los deseos / extinguiendo su fuego con las sombras».

En *El mundanal ruido* también aparecieron reseñas de los libros *Qwerty* y *Pan y circo*, de la misma autora.

ARTURO TENDERO

Javier Lorenzo Candel: *Sin piel*
La Isla de Siltolá, Sevilla, 2020

«Vivir acaso sea repetir las preguntas».

El albaceteño Javier Lorenzo Candel (1967) nos ha ido asegurando a los amigos que se retiraba de la poesía con *Sin piel*, y los amigos cumplimos con nuestra obligación de no creerle. Sabemos al fin y al cabo que Javier es más Javier en los poemas que en ningún otro sitio, que su poesía le ayuda a conocerse, que con los versos va creando y puliendo una identidad: «Tan solo puedo darte / un recuerdo de mí que no sean estas ruinas / donde apoyo mi cuerpo, / una presencia en el centro de todo lo que escribo».

El interlocutor con el que conversa en sus versos no es Javier, pero es Javier. Como ya ocurría en los poemarios anteriores, *Apártate del sol* (2018), *Manual para resistentes* (2014), *Territorio frontera* (2012), la realidad que le circunda sirve como punto de partida, pero le resulta insuficiente. Hay siempre una carencia, una insatisfacción, un repetir las preguntas, un solicitar ayuda: «trae contigo una vida y déjala caer / sobre lo que me falta».

Y lo que le falta, sea lo que fuere, se mece en el mar. Todos los caminos de la poesía de Lorenzo Candel conducen hacia el mar, que es el territorio de su infancia. Nos pasa mucho a los poetas de secano. Pero, en su caso, el mar es más que un símbolo. El poeta sigue flotando en el mar de la memoria remota igual que el manco sigue sintiendo que le duele o le pica el brazo que perdió: «Hace un tiempo que el mar / dejaba su sonido dentro de mi atención / y, con palabras, me invitaba a su fiesta. / Entendía su modo en que, súbitamente, me impelía al diálogo, / a una acción y un mensaje / que iban de su rumor / a mi incapacidad de descifrarlos…».

La primera de las pérdidas del niño, la más dolorosa, es la magia, escribió Nietzsche. Para Javier Lorenzo, esa pérdida del mar es el naufragio de una vida prometedora que perdió su rumbo en algún momento indeterminado, incomprensible: «¿En qué infancia vivirme / para apagar el eco de la infancia?». De ahí su empeño en regresar, quemado por el sol, dejándose la piel. Aunque escuezan «las olas, tercos / latigazos del mar comprometidos / con derribar las costas», Lorenzo Candel vuelve en soledad a sentirse «una parte vital de este paisaje».

En *El mundanal ruido* también aparecieron reseñas de *Manual para resistentes*, *Apártate del sol* y *Anábasis*, del mismo autor.

ARTURO TENDERO

Jesús Munárriz: *Materia del asombro*
Hiperión, Madrid, 2016

La poesía española de las últimas décadas conoce bien a Jesús Munárriz (San Sebastián, 1940). Y, tanto o más que a él, conoce su editorial, llamada Hiperión en honor de la obra emblemática de Hölderlin. Munárriz, especialista en alemán y traductor en varias lenguas, obtuvo el Premio Nacional a la mejor editorial cultural en 2004. Lleva además casi medio siglo coqueteando con la creación poética. Nada menos que ha ido acumulando diecinueve poemarios, aparte de innumerables inéditos.

Con ocasión de su 75 cumpleaños, su amigo, el también poeta y crítico Francisco Javier Irazoki, le ha preparado una selección que contiene tantos poemas como velas adornarán la tarta. Para la ocasión ha rescatado muchos inéditos. El regalo se titula como la pieza que cierra el libro: *Materia del asombro*. No rehúye ningún tema, ni siquiera el redundante descreimiento del poeta sobre el valor de sus poemas, aunque en ningún momento renuncia tampoco a que lo tengan. De hecho, apoyándose en Borges y su cita sobre los libros leídos, reclama: «a mí también recuérdenme / más por los que edité que por los que escribí, / aunque estos los tracé con mis mejores artes / y a algunos les gustaron».

En la selección de Irazoki hay una gran variedad de tonos y estilos, desde poemas enigmáticos como «Cuando ni apenas» a los últimos, que giran sobre la muerte: «vivos los muertos siempre en tus oídos, / están mirando por tus mismos ojos / cuanto florece…». A veces la muerte se le figura un paisaje apocalíptico del que han desaparecido los humanos. En «Así de bello», dice: «Sin humanos, el mundo recupera / precisión y matices».

Otras veces, la escritura directa de Munárriz se acerca a la épica, como en su crónica en verso de los años contra Franco: «no minimizo lo que hicimos. / Excesivo sería ensalzarlo no obstante. / Las circunstancias eran / más altas / que nosotros». *Cuarentena* es un friso de sensaciones, vivencias y anécdotas, casi un reportaje, que resume aquella época, más cercana en el tiempo de lo que nos gustaría y más desenfocada de lo que debiera. Así zanja Munárriz este capítulo de su vida y de su poesía: «Pero, ley de la especie, / inevitable, / los que vivimos en aquellos años / hemos de recordarlos / con nostalgia, / con nostalgia y con rabia.»

En *El mundanal ruido* también aparecieron reseñas de *Escaramujos* e *Y tan lejos de casa*, del mismo autor.

ARTURO TENDERO

Joan Margarit: *Un asombroso invierno*
Visor, Madrid, 2017

«Nunca, sin el dolor, / podríamos haber amado así».

Joan Margarit (Sanahúja, 1938) es elocuente reflexionando sobre la poesía. No en vano ha sido profesor universitario de Cálculo de Estructuras y habrá tenido que afinar mucho. Suya es la afirmación de que la poesía debe jugar al borde del patetismo, arriesgando con caerse, porque solo en ese filo puede encontrar la emoción. También dice, en el epílogo de *Un asombroso invierno*, que «un buen poema es tan difícil de hacer, y es tan poco probable llegar a escribirlo, que (…) se construye más como se puede que como se quiere».

Llevó la primera afirmación tan lejos como pudo en su libro *Joana*, sobre su hija fallecida, arriesgando sin poder evitarlo. Por cierto, que hay un fleco de *Joana* en este libro, el titulado «Fotografía de una niña». Pero *Un asombroso invierno* es un balance vital, el de un poeta catalán que se crio en el castellano de Tenerife y que no ha querido renunciar a ninguna de las dos lenguas, por lo que publica sus poemas simultáneamente en ambas.

En el corazón del libro hay una pieza titulada «La vida», el epitafio de un marinero que recuerda una ciudad «en la que por la noche / al levantar los ojos desde el puerto, / el cielo parecía una bandera / gigante y estrellada». Alguien malicioso (o bondadoso) puede leer ese poema en la clave de los últimos meses, donde las banderas catalana y monárquica han guerreado de forma cruenta en los telediarios.

Como buen arquitecto, Margarit afirma sus poemas en estructuras físicas; por ejemplo, la carretera costera que frecuentó la familia o la tramontana que ahora escucha confiado, «hoy que no quedan ya ni veleros ni barcas». Pasa factura a un Siglo de Oro, que estaba secuestrado por el poder cuando lo estudió, rinde homenaje a un amigo madrileño y a poetas de las dos lenguas, y se duele con elegancia de la brevedad de la vida: «De cada edad se guarda alguna cosa / que no se ha comprendido», «pero una herida es también un lugar donde vivir». Hay poemas, como «Termópilas», que resumen un modo de ver el mundo.

De las dos versiones de cada poema, a mí me emociona más, por lo general, la versión catalana, pero quizá sea un defecto mío de lector.

En *El mundanal ruido* también apareció reseña de *Animal de bosque*, el poemario póstumo del autor, fallecido en 1921.

ARTURO TENDERO

Joaquín Pérez Azaústre: *Poemas para ser leídos en un centro comercial*
Vandalia, Sevilla, 2017

La mayor parte de los poetas tienen la sensación de que escriben poemas que se van acumulando hasta formar un libro. Hay otros, en cambio, que reconocen escribir directamente libros, que conciben con antelación. Por así decirlo, la idea llega antes que los poemas. Joaquín Pérez Azaústre (Córdoba, 1976) está a mitad de camino: «Aunque los poemas vengan antes, soy escritor de libros de poemas en el sentido de una integridad tonal y orgánica».

En la nota final a su último poemario, explica que, paseando por un centro comercial, tuvo la impresión «de estar atravesando las ruinas rutilantes de nuestra memoria». Acababa de entregar a la imprenta *El jersey rojo* (Visor, 2006) y, deslumbrado por la nueva sensación, empezó a componer los *Poemas para ser leídos en un centro comercial*. Otros dos libros se interpusieron en el camino, *Las Ollerías* y *Vida y leyenda del jinete eléctrico*, que le granjearon los premios Loewe y Gil de Biedma, respectivamente. De hecho, él mismo detecta que hay un intercambio entre esos libros y *Poemas para ser leídos…*, que le parecía que estaba ya maduro para publicarse en aquel momento.

Básicamente este poemario relaciona imágenes, recuerdos y noticias de cine con la propia vida del poeta: «Vivimos como siempre, / pero al oeste hay apaches». También en *Vida y leyenda...* había una base cinematográfica que se mezclaba con la biografía en un solo poema hilado sin interrupción. *Poemas para ser leídos...* insiste en la fórmula, pero es más mestizo.

Está dividido en siete partes y va alternando prosas con poemas, de lo global a lo concreto, intercalando el culturalismo a la manera que lo hacían los Novísimos de Castellet. El hilo de un intimismo fragmentario le ayuda a hilvanar las descripciones del cine y su *star system* y textos casi periodísticos. «Foto de Farrah Fawcett como origen del mundo», la evocación de «El graduado» y «Edades de Paul Newman» están entre los poemas que más me interesan. «Después caerá la luz, caerá también la parte de arriba del bikini sobre un balcón vacío, yo pescaré sin red bajo tu corazón».

ARTURO TENDERO

Jon Juaristi: *Cantar del destierro*
Renacimiento, Sevilla, 2021

«Me legaste el destino de lobo solitario, / la
desazón extrema, la amargura sin tasa / y la
acerba tristeza de no ser necesario».

Son versos del poema que Jon Juaristi escribió en ho-
menaje «a Gabriel Aresti» y que forman parte de la an-
tología que le ha preparado Rodrigo Olay Valdés bajo el
título de *Cantar del destierro*. En su papel de antólogo,
Olay explica que se ha decantado por los poemas «más
elegíacos y desolados en detrimento de los más humo-
rísticos» del autor. De todos modos, sabemos que uno
de los sellos personales de Juaristi (Bilbao, 1951) es pre-
cisamente el tono desenfadado, epigramático, del que no
se desprende ni siquiera en los poemas más trascenden-
tes, porque considera que el humor y la ironía son nece-
sarios para alejar el patetismo, pero también porque se
ha convertido en su manera de escribir poesía.

Olay nos aclara todo esto y un montón de cosas más
en un prólogo especialmente esclarecedor, en donde
atribuye la falta de reconocimiento de la poesía de Jua-
risti a que su faceta de investigador la ha condenado a
un segundo plano, a que publicó en castellano en una

generación posterior a la suya y sobre todo, y especialmente, a su conservadurismo político. Juaristi ocupó altos cargos culturales en la época de Aznar y eso lo ha señalado, según Olay, que añade que tampoco es que el poeta haya manifestado consternación por ello.

Sean cuales sean las circunstancias por las que este libro ha pasado de puntillas en medio de la avalancha de libros de poesía que se publican cada año, si uno disfruta de la verdadera poesía, ya está tardando en leerlo. Hay esperándole un puñado de piezas sobresalientes, juguetón en la forma y en el fondo. Como señala Olay, solo la complejidad de las citas y alusiones ya darían para ocupar al menos a seis doctorandos en busca de tesis. Anuncia el prologuista unas obras completas con el título de «Derrotero» y adelanta unos cuantos poemas inéditos que mezcla con los ya conocidos. Pero, mientras llega ese nuevo balance, «el poema despliega su propio comentario, / y lo demás es ruido: / "aprender, enseñar, lecciones, aulas"».

En *El mundanal ruido* también apareció reseña de *Derrotero*, del mismo autor.

José Antonio Fernández Sánchez: *Todo es cielo*

Poesía al Albur, Segovia, 2020

«Vendrá a buscarte entonces la quietud, / y en el sosiego de la noche cálida / te arrobarás en esta playa tuya, / al pie del mundo, / solo».

José Antonio Fernández Sánchez (Terrassa, 1963) es uno de esos poetas contempladores que caminan atentos a la naturaleza, y de todo lo que ven y tocan extraen lección de vida. Este *Todo es cielo* es su tercer poemario desde que ganó el premio Alegría en 2017, y, como en los anteriores, la luz es tan importante que va en el título, aunque en este caso no solo vaya la luz, sino todo el ámbito completo de la luz, el cielo entero: «Y esa inicial mirada, / ¿qué contempla? / ¿Qué ve, si no es el cielo, todo el cielo?».

No obstante, aunque la luz tenga un papel protagonista, basta una flor, un nido, una hormiga, una mariposa, cualquier animal simple, cualquier materia donde se posen los ojos, para dar fe del prodigio. Fernández Sánchez es un poeta de los elementos y su proceso consiste en caminar, en detenerse siempre que haga falta, en observar y en hacerse preguntas.

Fernández Sánchez camina mucho y se pregunta mucho: «¿Será que la belleza / se encuentra en el camino, / lo escrito es el destino / y andar es la certeza?». Demuestra una confianza absoluta en la creación, en que el hallazgo estará aguardándole en el siguiente recodo: «No dudes que está el sol siempre esperando. / Tan pendiente de ti. / Tan necesario ahora». Así, va y viene, aprendiendo de sí mismo y compartiendo su aprendizaje que, como se trata de poesía, no es tanto racional como sensorial.

Cuando oye cantar al jilguero, en uno de los mejores poemas del libro, le pregunta: «¿Qué has querido decirme / con tu tímido gesto?». Cuando deja atrás el pinar, también se lleva un recuerdo casi etéreo: «En lo alto el sol, un pino / desprende su resina a borbotones / y algo de olor recojo y me lo guardo».

Sin embargo, este proceso del caminante observador necesita de la escritura para alcanzar su destino. Son precisamente los poemas los que cristalizan estas observaciones, que se cumplen cuando se comparten: «Sucede que las sombras son más cálidas / y habitable el silencio cuando escribo».

En *El mundanal ruido* también aparecieron reseñas de *Mineral y luz*, *Di luz* y *Agua quieta*, del mismo autor.

ARTURO TENDERO

José Cereijo: *Árbol desnudo*
Renacimiento, Sevilla, 2017

«Canto / lo distinto de mí, lo que me niega».

José Cereijo (Redondela, Pontevedra, 1957) es uno de esos poetas que transmiten sosiego y armonía. Lo hace con versos de resonancias clásicas, con predominancia del alejandrino. En *Árbol desnudo*, antología que le ha preparado Javier Lostalé para la colección rayada de Renacimiento, se aprecian bien su recorrido y sus constantes. Persigue lo inasible, lo que está alentando detrás del umbral, pero solo ofrece indicios, como el silencio, como la muerte, que está en todos lados, a veces bajo disfraz de amante: «Hacer de ese silencio / —de la oscura inminencia, tal vez imaginaria— / una forma de vida».

Hasta la mitad del libro, la voz sostiene ese brazo tendido hacia lo inalcanzable con cierta juvenil inocencia. Al llegar a su ecuador, el libro se vuelve mestizo: Lostalé ha insertado unos cuentos evocadores y unos haikus, como el que da título a la selección: «Frente al invierno, / tu pura persistencia, / árbol desnudo». Y, desde ese momento, el poeta sigue hablándole al abismo, pero ahora lo hace con la determinación de quien se entrega al destino: «El río que nos lleva es el río que somos». «Saber, hermosamente, / que ya todo es mentira y que no importa, / porque, después de la verdad, hay vida, / o, más allá de la verdad, hay otra». También, más adelante: «Acaso Dios no existe. Es cosa suya. / Que Él te falte, no tú».

La aceptación acaba de formularse en poemas como «Arma virumque…», un guiño a la *Eneida* de Virgilio. Hay más guiños, como «Testamento», que Cereijo ha estructurado como hizo Miguel d'Ors con su «Pequeño testamento», en clave de enigma que se desvela en el último verso, aunque aquí el final tiene un toque humorístico: «Todo para la muerte, que me ha querido tanto». Ambos poemas están entre mis preferidos del libro junto con otros como el amoroso «Que yo no sea más», siempre en clave de ironía. Ni siquiera la reposada sabiduría del *beatus ille* se libra del contrapunto irónico: «Feliz, si no envidiara a los que son reales, / a los que duermen juntos, / a los que saben, a los que se arriesgan».

En *El mundanal ruido* también apareció reseña de *La luz pensativa*, del mismo autor.

ARTURO TENDERO

JOSÉ CORREDOR-MATHEOS: *AL BORDE*
Tusquets, Barcelona, 2022

«Estás al borde, al borde, / y no sabes de qué».

Camino de los 94 años, José Corredor-Matheos (Alcázar de San Juan, 1929) sigue plenamente activo, como lo prueba este poemario con algo de diario lírico. También permanece fiel a sus constantes poéticas desde que, en 1975, con *Carta a Li Po*, se desmarcó del realismo para practicar una escritura minimalista con tintes orientales, casi siempre rematada con un guiño entre nihilista y zen.

Aunque coetáneo del 50, Corredor siempre fue por libre. Primero porque era un manchego arraigado en Cataluña, segundo porque su trabajo de enciclopedista lo situaba en una equidistancia rara, tercero porque vivía consagrado a la crítica de arte, otra disciplina de mal enjuague con la lírica. Quizá por eso el reconocimiento le llegó tarde, pero a tiempo: ha ganado el Nacional de Poesía (2005), galardones institucionales, recibió cruces, pertenencia a reales academias y nombramientos de hijo predilecto.

En los breves poemas sin título que lo caracterizan, el poeta se sigue hablando a sí mismo, se da instrucciones, se asombra con un toque naíf: «Este golpe de viento / te hace ver todo claro. / Ver claro, ¿qué? / Nada. / Ver claro nada». A veces da la sensación de que Corredor no sabe dónde ponerse, que unas veces está solo entre las sombras, como una sombra más, que la lluvia borrará lo que escribe, que se ha perdido y no lo van a encontrar. Pero a la vez le parece gozoso perderse, se conmina a seguir escribiendo «como si todo fuese / a quedar / escrito para siempre».

Desde su desubicación recibe al otoño «con una sensación / de que la vida empieza / cuando acaba». Y aún constata que «es en este rumor, / no en el silencio, / donde puedes oír / la voz que anhelas». También que «todo está lejos si lo miras», pero cerca si lo sientes. Y se consagra a vivir como un pájaro, que no sabe que vive, pero canta. «Ser un perro los lunes / y los miércoles, / sólo un hombre los martes / y los jueves, / no ser nada los viernes, / y en sábado y domingo / ser, por ejemplo, un dios. / Un dios que no supiera / que lo es, / pero hubiera encontrado / el hueso que buscaba».

En *El mundanal ruido* también aparecieron reseñas de *Sin ruido* y *El poeta en la escuela*, del mismo autor.

ARTURO TENDERO

JOSÉ DANIEL ESPEJO: *PERRO FANTASMA*
Candaya, Barcelona, 2023

> «y tengo los ojos abiertos y deseos de matarme / y ambas cosas conviven milagrosa / mente equilibradas enteras perfectas / el monstruo que soy la primavera / el río lleno de mierda y una garza / que bebe de él / majestuosa».

José Daniel Espejo (Orihuela, 1975) publicó en 2019 *Los lagos de Norteamérica*, donde lograba evitar que se le desbordase la emoción, aunque el libro giraba en torno a una peripecia biográfica descarnada. Costaba pensar que una vez superado lo terrible pudiera dar un paso más, pero acaba de darlo en *Perro fantasma*, despojándose de todas las certezas que asociamos con el bienestar. Lo hace en poemas desprovistos de mayúsculas y de puntos y comas, que parecen haber sido compuestos en tiempo real y a vuelapluma, volcados directamente al papel desde el monólogo interior.

Pronto comprobamos que esa es solo la impresión que el poeta intenta transmitirnos, porque los poemas están perfectamente concebidos, compuestos y ritmados. Aunque no por eso pierden autenticidad. La atmósfera es bukowskiana, pero el acabado es metódico.

El personaje que nos habla recuerda a José Luis Parra, un gran poeta poco transitado. A veces la voz principal se desdobla en un «cojo» para quien el sol no se pone, a veces nos habla con la voz de una mujer sin nombre: «no estoy perdida porque mi vida / transcurra en lugares de tránsito (autobús- / hipermercado-cercanías-extrarradio) / sino porque no sé a qué se parece / la sensación de haber llegado».

Desde ese limbo mugriento el poeta puede relacionar la política con la ruina del río («volcad vuestros discursos ahora / después nos bañaremos»); puede afirmar que «hay algo torcido en el verbo tener» aunque acepte que parece que algo mejora cuando «esta casa oscura del polígono *esta calor* / del verano de murcia y esta cama sucia / son mías»; puede también mirar con desprecio a la gente guapa aunque confiese que en el fondo lo que desea es que «lo quieran».

Perro fantasma es un libro hermoso sobrevolado por moscas verdes y cernido sobre una palangana: «cómo cobrar / dinero de verdad por un producto que brota / de su cuerpo —su muñón— como un fluido / como cera u orina que se va acumulando / en una palangana de papel algo amarillo?».

ARTURO TENDERO

José Jiménez Lozano: *Esperas y esperanzas*
Pre-Textos, Valencia, 2022

«Cántaro roto, agua derramada / que ya no puede recogerse: / tal la vida humana, / siglo tras siglo, desgarro tras desgarro, / súplica tras súplica, y éstas / inútiles, vacías».

Pocos días antes del 9 de marzo de 2020, la fecha de su muerte, José Jiménez Lozano (Langa, Ávila, 1930) entregó esta colección de poemas: *Esperas y esperanzas*. Más ajustado sería hablar de desesperanzas, si no fuera porque Jiménez Lozano supo quitarles hierro. Autor admirado y muy premiado en los años 80, cuando ya superaba la cincuentena, vivió sin embargo en una especie de autoexilio, eludiendo los focos y cenáculos, lo que no le privó de recibir el Premio Cervantes en 2002.

En esta colección final se aferra a la intemporalidad de los clásicos, a quienes presta su mirada presente: «Mira la luna de noviembre, / que asciende lentamente, / en el anochecer, y oye / el ladrido de los perros, como Ovidio». No solo los clásicos, también sus muertos queridos siguen vivos, acompañándole. Por ejemplo, sus padres cuando los visita en su tumba: «¡Sostenedme un poco todavía! / Como entonces. Gracias». Y corrige el epitafio de un estoico, para aconsejarse: «Mas tú no hagas caso del hipócrita / que escribió esta lauda. / Porque, / ¡cuánto amor a la vida y desespero / empapa esa leyenda! / ¡Corre tú a seguir viviendo!».

Hay mucha celebración en estos poemas de lo que se ofrece a los sentidos como un «tenderete matutino»: «Mira atentamente / las joyas que la mañana te presenta, / y guarda alguna en tu memoria, porque / no volverás a verlas. / Nunca». El tono general se mueve en un lenguaje culto, con carga meditativa, en absoluto coloquial, aunque consiga que se asomen el humor y la ironía. Critica con sorna la burocracia, que está socavando la tradición. Dice que incluso los clásicos «están ya amortizados / y hasta puestos correctamente en fila, / en residencias especializadas / para curiosidades de la Edad Antigua». Antes, en el prólogo, nos ha advertido de que la mitad de los poemas tienen un tono informal. Pero no creo que el tono varíe mucho, en todo caso la segunda parte está más llena de críticas, sin menoscabo del conjunto.

Arturo Tendero

José Luis Parra: *La hora del jardín*
Renacimiento, Sevilla, 2020

«No queda tiempo, no me queda / tiempo.
Escribir es una sombra, un silencio / de todo lo
que quedará / por escribir».

Hace ya ocho años que se nos fue José Luis Parra (Madrid, 1944-Valencia, 2012) y creímos que nos había legado una última entrega de su magia con el título ya póstumo de *Inclinándome* (2012). Pero hay muertos tenaces y, como señala Susana Benet en el atinado prólogo de este nuevo libro, la misión en la vida de Parra era escribir. De modo que en 2016 ya pudimos disfrutar de una colección de haikus y poemas breves, igual de excelentes, que se llamó *Hojarasca*. Creímos nuevamente entonces que apurábamos su legado. Sin embargo, Benet conservaba en su diario personal mecanoscritos y manuscritos de puño y letra del poeta, y mantenía además los cuadernos que Parra, que no se fiaba de su memoria, se aplicaba en duplicar: uno en su casa de Quart de Poblet y el otro al cuidado de Susana. Espulgando todos estos inéditos, con el impulso de Abelardo Linares, Benet ha exprimido aún más el genio de José Luis Parra, un poeta de culto que una vez leído resulta imprescindible.

Nos ofrece de este modo una nueva entrega inesperada, *La hora del jardín*, con poemas emocionantes, en los que el poeta recriado en Valencia vuelve a superarse con sus versos rotos como cántaros chinos. Incluso hay una veta que su pudor mantuvo a buen recaudo, la de los poemas de amor, igualmente excelentes, que llevan la emoción al borde mismo de lo erótico y sitúan lo erótico en el umbral de la emoción: «No hay yate de recreo ni velero más grácil / que pueda compararse al armonioso / balanceo de nuestra cama. Vuelve, / reclina tu cabeza en la arena dorada / de mi pecho y escucha cómo rompen / las olas perezosas. En mis labios entreabiertos / te esperan palpitando todas tus vacaciones».

Entiendo el dilema de Benet: entre sacar a la luz estos poemas y ocultarlos, ha elegido tratarlos con el esmero que hubiera puesto el propio Parra, que estaría feliz viendo cómo los disfrutamos. «Sólo el campo, en el desamparo / dichoso y estrellado de la noche, / derrama más y más mi infancia / sobre la casa hundida».

En *El mundanal ruido* también apareció reseña de *Hojarasca*, del mismo autor.

ARTURO TENDERO

José Luis Piquero: *Tienes que irte*
La Isla de Siltolá, Sevilla, 2017

Hay presentimientos que nos estremecen, cosas que podrían ocurrirnos y que nos da escalofrío hasta considerar; por eso las eludimos. En esas fronteras se mueve José Luis Piquero (Mieres, 1967) como pez en el agua. Por ejemplo, cada vez que cogemos el coche: «Óyeme tú, viajero, que recorres triunfante la autopista / y a tu corazón baja / el canto eterno de la radio-fórmula. / Acuérdate de mí cuando, muerto de miedo, / levantes la cabeza llena de sangre y grites: // "¡Santo Dios, no lo he visto! / ¿Estáis bien?" / Y el silencio».

Piquero ha tardado ocho años en componer este nuevo poemario. Mantiene la línea que reunió en *Autopsia* (2004) y prolongó en *El fin de semana perdido* (2009): «Sigo fiel a ciertos atavismos de mi poética, como el uso de máscaras y escenarios preconcebidos, aunque tal vez el lector acabe por sospechar que en ningún momento estoy hablando de Elvis, del Cíclope o del Diablo, sino de personas que conozco, y el lector también, en carne y hueso y en espíritu».

En ese umbral de lo que preferimos eludir está a veces el desamor y casi siempre la muerte. Pero es una muerte de cuento gótico, una parodia mórbida como la de la familia Monster o los zombis. Se siente incómodo Lázaro con su resurrección: «Ya no hago daño a nadie. Podrido estoy más limpio / de lo que he estado nunca». El amor desemboca en la necrofilia: «Te amaré una vez muerta, quieta como una cama, / tu aliento detenido». El Diablo es incapaz de tomarse un día de descanso: «Merecería / en vez de altares una paga extra».

Dice Piquero que detrás de las máscaras que va encarnando de poema en poema hay personas de carne y hueso o en espíritu. También puede interpretarse que todas esas personas son él mismo buscándose: «A falta de otra cosa / es lo que tengo: el miedo. / Lo único cierto en mí, que soy mentira». O también: «No me retengas. / Hay algo que me espera en algún sitio, pero aún no sé qué es. / Y no son mis poemas, y no es mi juventud. / Es algo útil». En el poema «Tienes que irte» encadena un puñado de personajes con un monólogo dramático. Cada uno de ellos vive una historia con su propia intriga: «Y ahora falta una cosa por hacer. / Después seré perfecto».

Arturo Tendero

José Luis Vidal Carreras: *Luz que regresa*
Renacimiento, Sevilla, 2022

«La luz no sabe volver a casa».

Como si fuera una continuación de su libro anterior, *Flores de la inocencia* (2021), José Luis Vidal Carreras (Vitoria, 1954) propone una nueva entrega de poemas breves, centrados en la observación de la naturaleza desde lo elemental más ingrávido y más puro. La mayor parte de las piezas reducen su tamaño hasta concentrarse en los tres versos que identificamos como haikus, aunque en algún momento Vidal Carreras nos advierte que no son tales: «Este estribillo / sería un haiku / si yo estuviera de más».

No está de más el poeta, no se borra de lo que está viviendo, sino que participa, si bien de forma sutil y no en todos los poemas: «Qué poco pesa / estar despierto» o «Soy un añico / de algo más grande / que se ha caído». Otra manera de incluirse, en este caso más frecuente, es señalar, más allá de las cosas visibles, las que el propio autor ha atisbado de forma azarosa; me refiero a ese primer golpe de vista que nos revela un trampantojo antes de que la propia mirada nos corrija: «Con un pie solo / rechaza un perro / a la pared» o «La brisa / eriza el vello / de los sembrados».

A veces intervienen otros sentidos en esa intuición pasajera, que tendemos a olvidar de inmediato y que sin embargo el poeta ha rescatado para su libro: «De madrugada / oigo a la luna / que bebe sola» o «A través de mi oído / pasan las aves / sin dejar rastro». En ciertos pasajes, la audacia de estas intuiciones recuerda un poco las greguerías de Ramón Gómez de la Serna o el egolirismo de Juan Ramón Jiménez («Algo de tu belleza / te faltará / cuando yo calle»).

Este parecido en ningún momento alcanza la arrogancia de aquel ni el afán protagonista de este. Se trata casi siempre de fragmentos livianos del caleidoscopio del mundo que a veces logran la incandescencia: «Silla de enea, / vieja nodriza / que me tutea». O elevan una queja («Nada más triste / que la playa vacía: / botes, vidrios, papeles... / que no se han ido»). Pero en definitiva son formas de agradecer el asombro que nos proporciona la consciencia: «Me despierto... / y el mundo no me falla».

En *El mundanal ruido* también apareció reseña de *Flores de la inocencia*, del mismo autor.

Arturo Tendero

José María Álvarez: *Una desamparada hermosura*
Renacimiento, Sevilla, 2018

«Escuchas / el bramido de esas calles, ahí
abajo, / ese bramido que no ha cesado / desde
siglos. La alegría / de vivir».

Desde 1974, con la primera versión de *Museo de cera*,
el cartagenero José María Álvarez (1942) ha ido acumu-
lando poemas y poemarios que en el fondo ahondan en
una misma emoción: la dicha de contemplar paisajes cre-
pusculares, ciudades exóticas, mujeres fatales, mientras
el personaje que nos habla saborea un güisqui de marca,
acaricia un libro, siempre lo bastante exquisito y restrin-
gido como para que pocos puedan apreciarlo como él:
«Ah esos libros que acompañaron a alguien / y ahora a ti,
que tienen el calor / de tantas manos, la fiebre de tantos
ojos, / a veces anotaciones de otro / y que sabes que cuan-
do tú no estés / acompañarán otras vidas. / Agradécelo».
El poeta sabe decir este sibaritismo de un modo tan
hipnótico, tan inconfundible, que consigue que al leerlo
lo disfrutemos también. *Una desamparada hermosura* es
un paso más adentro de ese clima que ya no tiene retro-
ceso. Álvarez ha renunciado en esta ocasión a su acos-

tumbrada proliferación de citas a cambio de poner todos los títulos en latín. En los poemas pasea uno por uno con sus ídolos, acompañándolos en sus horas más nocturnas e íntimas, y aprieta una tuerca en la maldición hasta sumergirse en el sexo bordeando el feísmo y consiguiendo en ese límite alguno de los poemas más intensos («Vestibulum ante ipsum primis in faucibus orci»).

Pero también regresa alguna vez a su infancia remota: «Algunas noches en el duermevela / sigo viendo esa mar, esos crepúsculos, / ese casco meciéndose en la calma. / Y es como si mis pies siguieran hundiéndose / en aquella arena bajo las aguas / donde corrían pececillos y brillaban las conchas».

El personaje de los poemas de Álvarez mira por encima del hombro, con antipatía aristocrática, la creciente vulgaridad que lo rodea: «Ahora miro esas calles. Hay demasiada gente / que ya no sabe quiénes son; / ojos muertos, de seres sin futuro». Y sigue degustando y agradeciendo la vida, con la convicción de que le queda menos horizonte y buscando por tanto una despedida que sea también una pose: «Como Shutei / todo cuanto dejo es el agua / que ha lavado mis pinceles».

En *El mundanal ruido* también aparecieron reseñas de los libros *Seek to know no more*, *Música para el funeral de la Libertad* y *Non, je ne regrette rien*, del mismo autor. José María Álvarez falleció en su Cartagena el 7 de julio de 2024.

Arturo Tendero

José Mateos: *Un sí menor*

Pre-Textos, Valencia, 2019

«Si sabes que sólo escuchan / las paredes en ruinas, / canta para ellas. Canta».

En su anterior poemario, *Otras canciones* (2016), José Mateos (Jerez de la Frontera, 1963) declaró que soñaba «con la posibilidad de escribir unos poemas tan sencillos, tan desnudos, que parecieran invisibles». Cumplió su sueño entonces y lo ahonda ahora en *Un sí menor*. De hecho, las primeras piezas del libro se van diluyendo como azucarillos. Antes de dejar poso, dejan ecos, reminiscencias, vagorosas rimas. Poco a poco van tomando cuerpo, referenciándose en la enfermedad de un familiar y la conciencia de la muerte, y dando pie a reflexiones que se alimentan estremecedoramente de la anécdota en la que nacen: «Qué triste irse vaciando, / de libros, cuerpos, paisajes… // amarlos mucho, / y sentirlos muy despacio, / y no poder darles nada / a cambio. / Ni una palabra, ni un poco / de vida / para salvarlos».

En algún momento la aspiración de desnudez del poeta y la certeza de la desnudez final se entrelazan y comulgan. Es entonces cuando el poemario cobra más alto vuelo sin abandonar la modestia: «a veces, como digo, / cuando vuelvo ya tarde / al hotel, de repente, / me asombra que yo sea / un hombre entre otros hombres, / una más de esas hojas / con las que el viento juega; / y la inutilidad / de vivir, el castigo / de ser para la muerte».

Los símbolos habituales con los que Mateos suele hilvanar sus poemas pasan a un segundo plano: «Hoy, en el patio inservible / del hospital, / un jilguero / cantó al despuntar el alba. // Tú, tan ávido de símbolos, / deja en paz ese misterio». Espacios físicos como el hotel o el hospital adquieren una intensidad dolorosa que alcanza su culmen en la casa familiar: «El silencio de esta casa / es un silencio que duele / como un castigo de infancia. // Silencio que sólo rompe / la sed del viento nocturno. / Silencio de muchas voces».

Finalmente, todo el dolor estalla en el poema «12/18», verdadera cima del libro, a pesar de su brevedad. El título salva una fecha y se resume en ella: «No insistas, corazón, / inútilmente: / nunca / maldeciré la vida».

En *El mundanal ruido* también aparecieron reseñas de los libros *Otras canciones, Primavera, año cero, La hora del lobo* y *Los nombres que te he dado,* del mismo autor.

ARTURO TENDERO

José Saborit: *Con los ojos de nadie*

Pre-Textos, Valencia, 2021

«Deshacerse en la luz / mientras brilla aún tu
hoguera».

Decía Gil de Biedma que uno no escoge los materiales
con los que trabaja sus poemas, que le vienen dados.
Tratándose de un pintor que imparte clases de Pintura
en la universidad y que ha publicado un ensayo anali-
zando el caminar, a nadie puede extrañarle que a José
Saborit (Valencia, 1960) se le mezclen las artes en la pa-
leta cuando escribe poesía.

Desde el título, *Con los ojos de nadie*, el suyo es el poe-
mario de un pintor, sin que esto le reste ni un ápice de
valor al libro. Al contrario. Quien conoce su pintura, y
en especial sus obras, que enfocan el horizonte hasta que
la mirada se difumina convirtiendo la luz en protagonis-
ta, comprenderá que su poesía prolonga esa vivencia. O
viceversa: «no lo sabes, / pero hay algo en la luz de esta
mañana / que ha disuelto los años, la memoria / de lo
cien veces visto: / te ha salvado de ti, / de cuanto sabes».

El libro *Con los ojos de nadie* va detrás de la luz para
fundirse en ella hasta que no haga falta pensar, lo que
constituye una forma diferente de sabiduría: «Esfumarse

y perder / la grave y pesarosa y apretada / conciencia de lo sólido». Como afirma otro de los poemas, esta poesía nace con la vegetal vocación de abrazar al lector. Pero los versos de Saborit no se están quietos, miran y al mismo tiempo avanzan: «Un pie tras otro pie / van soltando mi peso en cada huella; / ¿hay otra levedad / más cierta que el andar?». A cada paso, el cuerpo se va aligerando hasta adquirir la vida propia que le robamos civilizándolo: «ligeros, nuestros cuerpos, sin nosotros, / qué bien se entienden ellos / si los dejamos solos, / como niños traviesos corriendo por la casa...».

Hay que advertir que este desvanecimiento en la luz tampoco implica abstracción. Estamos hechos de luz, y en su vibración siguen vivas todas nuestras edades: el barro de la infancia, el temblor de la mano cuando dibuja las hojas de una rama, el río del vivir cuando su cauce empieza a estrecharse. Todo eso hay que cantarlo: «Buscadme en esta playa: / Cuatro granos de sol y cuatro gotas / de sal han de bastar / para dar gracias».

Juan Antonio González Iglesias: *Jardín Gulbenkian*

Visor, Madrid, 2019

«Comprendo / sin comprenderlas todas
las zozobras / de los últimos tiempos. Al
lenguaje / las entrego».

Juan Antonio González Iglesias (Salamanca, 1964) ahonda en el estilo que le caracteriza, una poesía que finge ser ensayo y que sin embargo es pasión, que parece rasear con frases reflexivas pero que vuela con el esplendor relajado de las águilas.

En esta ocasión se apoya en la amistad epistolar entre el coleccionista Calouste Gulbenkian y el diplomático Saint-John Perse. Hablaban del jardín que el primero había construido en Normandía. Un jardín y una amistad que a González Iglesias le inspiran su propia convicción: «cercados como estamos por los muchos que no creen en nada, pidamos que el arte y la poesía nos ayuden para resistir *el chantaje de la época*».

El jardín es solo un punto de partida, que luego se mezcla con el gusto del poeta por las etimologías y por su canto tendido a la amistad, a lo epicúreo, a lo sencillo: «lo sencillo está diseminado por el mundo. / A veces no se ve, porque es diáfano. / Su lugar es la rutina tanto como el acontecimiento». Poco a poco, la experiencia de lo vivido va pidiendo también paso: «Estoy muy lejos / de muchas cosas ya, cerca de todo». No obstante, la morosidad y la contemplación acaban gobernando el ritmo de las páginas. Al fin y al cabo, «el poeta comparte con la vida / la lentitud y la tenacidad / puesta en aquello que otros desestiman, / el desentendimiento, la esperanza / en el grano perdido tierra adentro. / Mientras estoy durmiendo, el árbol crece».

La alusión shakespeariana, el tributo al *desasimiento* de santa Teresa, el homenaje a Tomás Moro, van engastados en la biografía poética tanto como los paisajes desde los que el autor se asoma al Tormes o a los pinos de Atenas. La vida traza también curvas como la del río de Salamanca. Así, las cartas que intercambiaron Gulbenkian y Perse se conservan en un nuevo jardín, situado ahora en Lisboa, y han visto la luz en una revista francesa. «Sobrios también podemos embriagarnos / con este vino que la tarde vierte / en su pequeña copa. ¿No se llama / el cielo así?».

Juan Lamillar: *Extraña geografía*
Pre-Textos, Valencia, 2017

«Y certifico que la vida está aquí, / en la melancolía de unas páginas que he buscado y disfruto, / entre la soledad de este tiempo ganado a la impostura».

Juan Lamillar (Sevilla, 1957) reivindica su particular *beatus ille*, colocándose a un lado del guirigay que oculta con sus destellos el presente. No es tanto lamentar el tiempo que pasó como hacerse dueño de los propios recuerdos: «Pisamos las pavesas de las horas ya idas: / desde ellas crecerá la memoria / que las salva y nos salva, / la memoria, / su hoguera inextinguible».

Se esmera Lamillar en el juego de pesar el instante en la balanza de la luz. Y eso, en otro lenguaje, es la fotografía, a la que dedica la última de las cinco partes en que está dividido el poemario. El cierre («Conjuro para ver pasar el tiempo») es una reflexión poética sobre el proyecto de Nicholas Nixon de retratar cada año a las hermanas Brown en poses y escenarios que invitan a comparar los cambios. Construye otro poema desde la inspiradora afirmación del fotógrafo Alberto García-Alix: «La fotografía siempre es pasado. Una vez que has apretado el botón del disparador ya no somos como somos, somos como éramos».

En la parte segunda, consagrada a los sonetos, Lamillar nos ofrece piezas que se graban directamente en la memoria la primera vez que las lees, como «El mercado», arrancado a un lugar que en apariencia puede resultarnos poco inspirador, o como la elegante pose de profesor de «Unos gestos», el autorretrato de escritor de «Un extranjero», la soledad que vence al olvido en «Las horas». El tono general del libro se bate a pulso con el tiempo sin más armas toreras que las palabras y a veces consigue ponerlo del revés, como en «Casa de Pilatos», que los altos emperadores «mirarán envidiosos, / desde el mármol de Roma». Para evitar la tentación, el poeta se dice a sí mismo, de forma sentenciosa: «no reniegues nunca / del don que no mereces».

En *El mundanal ruido* también apareció reseña de *Entretiempo*, del mismo autor.

ARTURO TENDERO

Juan Manuel Villalba: *Poesía reunida 1984-2017*

C. C. Generación del 27, Málaga, 2021

«Todas las cosas que perdimos / nos conducen al fin a lo que somos; / porque somos la resta de una suma imposible».

La poesía reunida de Juan Manuel Villalba (malagueño nacido en Madrid en 1964) permite apreciar su obra en perspectiva. Desde *Fondos* (1992), ha ido preguntándose quién era. Empezó sintiéndose un observador que no se involucraba: «Entonces ¿qué hacer, salvo / escribirlo, si no puedo ser parte, / si no tengo un papel en esta historia?». Más tarde, en *Todo lo contrario* (1992), compuso verdaderos relatos en verso para que anidaran sus observaciones. Era otro modo de nombrar la distancia: fijarla en una enumeración caótica de lugares, en objetos como esos billetes pintarrajeados por manos anónimas que veía desfilar ante sus ojos de niño. Construía atmósferas, describía mundos heridos con lluvia y desánimo donde seguir buscándose, ser «muchos que se persiguen sin descanso» pero que no terminan de dejarse atrapar porque la consciencia establece una distancia insalvable:

«si pudiera vencer la gran soberbia, / la empañada alegría / que supone seguir estando vivo…».

El mismo tono se prolonga en *Imaginación* (2002), pero hay detrás la suficiente vida como para sacar conclusiones: «todo hombre que se precie necesita un infierno, / que contenga, a su vez, una salida, / una escapada, un paraíso». Por fin, en *Linterna* (2017), su último poemario exento hasta la fecha, se conmina a sí mismo a dejarse por fin atrapar: «Y ahora, con las manos vacías y con frío, / atrévete a sentarte y cuenta la verdad». Eso sí, renunciando a desvelar la propia vida, que «carece de interés literario»: «tu oficio es dejar huella quitándote de en medio / decir solo lo nuevo, o lo aún no pronunciado». No abandona tampoco el desdoblamiento que ha mantenido a lo largo de toda su producción, la segunda persona, la conversación con el hombre que siempre va consigo. Quizá sean piezas intuitivas como «Cada cual», «No importa lo que seas…» o «He registrado todos los lugares…» las que mejor proyectan esa identidad tan huidiza, la sombría emoción característica.

Arturo Tendero

Juan Pablo Zapater: *Mis fantasmas*
Visor, Madrid, 2019

> «Se sienten victoriosos, de sus belfos / cuelgan
> hilos de luna, solo aguardan / que llegue su
> momento (…) // Ya conozco sus nombres: / el
> tiempo y el olvido, el dolor y la muerte, / los
> lobos que me acechan».

Mis fantasmas, el más reciente libro de Juan Pablo Za-
pater (Valencia, 1958), está escrito mirando de reojo la
muerte, cercado por su constancia, aunque recreándose
en la suerte de contarla. La vida forma un bucle de ma-
ñanas y noches que se repiten como un rito: «Confusa
ceremonia la de ir envejeciendo, / la de andar estirando
poco a poco / los días que se acortan, / mientras vas des-
contando una por una / las noches que se alargan».

Como una manta corta abrigan los versos y cons-
tatan que la luz es la poción mágica con la que nos re-
constituimos para hacer frente a unas certezas tan ame-
nazadoras: «lo vital es el día, nuestro día, / ese vaso de
luz que nos bebemos / y se vuelve a colmar cada maña-
na». Y, aparte de la luz, o embarcada en ella, sobreviene
la belleza, siempre a destiempo, tan consoladora como
abrasadora: «la belleza es casual, como un incendio que

arrasa / cuando menos te lo esperas / el bosque de tus ojos».

Aclaremos que, para Zapater, la belleza es un espectáculo sobre todo visual, que necesita de la luz, ya sea diurna o nocturna: «esos gatos nocturnos que se fijan / en el plato vacío de la luna, / esos gatos siameses... son mis ojos, / que han dejado arañazos en la almohada / cansados de maullar frente a la puerta / cerrada a cal y canto de tus sueños». Lobos, gatos, seres silenciosos y acechantes con los que Juan Pablo Zapater animaliza los estragos del tiempo, seres que van estrechando el horizonte y que roban las certezas primordiales: «Me pregunto / quién hurga cada noche en los cajones / que guardan la memoria de mi madre / y roba impunemente sus recuerdos».

Por si el presentimiento no nos bastaba, en algunos de sus versos, enroscados en la sonoridad endecasílaba, el poeta nos advierte: «Os hablo de la muerte, de ese baile / sin música y sin pasos ensayados, / un vals al que los guantes del vacío / te invitan cualquier día y ya no puedes / excusarte...».

Arturo Tendero

Juan Vicente Piqueras: *Padre*

Renacimiento, Sevilla, 2016

«Cuando hayan muerto las últimas manos / que sabían hacer pleita / el mundo quedará en manos de aquellos / cuyas manos no sabrán qué hacer».

Padre es la historia de una disolución, la disolución de una memoria, de un hombre, de una aldea y de un modo de concebir la existencia. Al mismo tiempo es la historia de un rescate a la desesperada, uno de esos rescates en los que hay que jugarse la vida para salvar otra vida. En poesía, jugarse la vida significa jugar al borde del patetismo, haciendo equilibrios. Si resbalas, se te va la mano hacia lo demasiado explícito. Si consigues mantenerte a pulso, la emoción está asegurada.

Juan Vicente Piqueras (Los Duques de Requena, Valencia, 1960) tiene una larga y galardonada trayectoria como poeta que le saca picante al lenguaje, pero esta vez ha querido jugársela para salvar la sordera, el alzhéimer y la muerte de su padre: «No se puede escribir una agonía / y sin embargo alivia convertir / en versos el dolor, el miedo en música». El libro es una mezcla de testimonio, de nostalgia de unas costumbres en trance de desaparición, de rescate de una sabiduría popular que se destila en frases que también están perdiéndose: «un hombre que no siembra, ¿qué hombre es?» o «Mi madre dice: "nada, mis huesos no me quieren"».

Padre remite a experiencias poéticas que han sabido moverse muy cerca de la emoción en crudo, como *Joana* de Margarit, como la «Elegía a Ramón Sijé» de Miguel Hernández (a la que recuerda el poema «Un puñado de polvo»); también a otras más elaboradas como las «Coplas» de Jorge Manrique o el *Pedro Páramo* de Juan Rulfo. Los poemas de *Padre* cuentan historias tan comunes y tan cercanas que cuesta trabajo tomar perspectiva. Algunos se caen, pero van componiendo el clima para los que se sostienen, poemas funámbulos como «Agüeras», «El arado», «Acta de defunción» o «El barbero».

¿Alcanzarían la misma altura sin los otros? Es difícil saberlo. Aunque tampoco creo que a Piqueras le importe demasiado. La elevación no parece tanto el objetivo como utilizar la poesía para zanjar una deuda con lo que sus orígenes tienen en común con los nuestros: «el silencio y el sueño, la oscuridad, nos unen».

En *El mundanal ruido* también aparecieron reseñas de *Qué hago yo aquí* y *La habitación vacía*, del mismo autor.

Julio Martínez Mesanza: *Jinetes de la luz en la hora oscura*
Ars Poética, Oviedo, 2021

«Soy el perro y la mano que lo lleva. / Soy Egisto y Orestes y las Furias. / Soy el que se echa al suelo y me suplica».

Alfredo Rodríguez dice en el prólogo de esta antología de Julio Martínez Mesanza (Madrid, 1955) que su autor era un poeta casi desconocido hace cuatro años, cuando le concedieron el Premio Nacional de Poesía por su libro *Gloria* (Rialp). El premio no cambió la dinámica: Mesanza sigue siendo conocido por quienes ya lo conocían, por los buenos degustadores. Añade el prologuista que Mesanza escribe casi exclusivamente en endecasílabos blancos y —lo más característico y singular— que usa símbolos épicos para situar sus poemas. Casi siempre los centra en personajes que están ya involucrados en una situación de la que nos faltan referentes, como de hecho nos ocurre en la vida, donde vamos de una batalla a otra, aunque sin asumir que son batallas: «Ahora hacia levante caminamos / en busca de una playa y de una nave. / Si no vemos la tierra de las vides, / recuerda que este punto nos vio vivos».

La atmósfera enigmática le permite a Mesanza embarcarnos en sus endecasílabos hacia la conciencia de nuestra soledad: «Cuando vayas al paso hacia el combate, / saluda brevemente a tus amigos / y baja la visera de tu yelmo». La vida es una batalla constante «y bien mirado, la perpetua guerra / es la prolongación de la infinita / perversidad de la naturaleza / con otros medios y los mismos fines». Sugiere el poeta que hay que tomar partido, pero que el bando importa menos que el combate: «que la yerma lejanía / nosotros mismos somos; / y que somos también el enemigo, / la polvareda de terror que cierra / a la redonda el último horizonte».

La simbología épica le permite a Mesanza ser sentencioso y lapidario sin perder la fuerza cuando se queja de que el amor te vuelve débil, de que el pasado se fue como la flecha que el arquero vio salir sabiendo que no daría en el blanco. «Me visitan los símbolos cansados, / las tormentas que ya no significan», dice ahora. Y apuntala —versionando a Safo— que más terrible que cualquier ejército «es amar el desdén de quien amamos».

En *El mundanal ruido* también apareció reseña de *Gloria*, del mismo autor.

ARTURO TENDERO

Karmelo C. Iribarren: *Pequeños incidentes*
Visor, Madrid, 2017

Poco a poco, Karmelo C. Iribarren (San Sebastián, 1959) se ha ido haciendo con un público, eso que rara vez alcanza un género tan minoritario como la poesía. La mejor prueba es que sale otra antología de sus poemas. Las anteriores, *Seguro que esta historia te suena*, donde se actualiza la obra completa del donostiarra, y *La ciudad*, una selección personal presentada por Joaquín Juan Penalva, se publicaron en Renacimiento. La nueva, que aparece en Visor, tampoco la ha preparado el autor, aunque el libro no indica quién ha sido el antólogo. Luis García Montero ha puesto su oficio en la tarea de prologar esta poesía que, como la de Larkin, se explica tan bien sola que cualquier comentario parece superfluo.

Aun así, García Montero hace su trabajo. Señala la galería de personajes marginales con los que se identifica el poeta, sus lugares, «donde la eternidad se viste de rutina», su naturalidad sin alardes, su escepticismo. «El protagonismo en la exigencia literaria», dice, recae sobre todo en «el ejercicio de mirar». «Los lectores oímos un murmullo de dignidad secreta».

Tras las explicaciones, más o menos certeras, la poesía se queda sola y nos lleva por las calles de la ciudad dentro de la voz de ese personaje que pasea, observa y cuenta lo que ve, la mayoría de las veces en unos pocos versos que parecen haber sido recortados para disimular la brevedad. Como también señala Montero, el modo de escribir de Iribarren no ha variado desde su primer libro, *La condición urbana* (1995). A partir de entonces, solo ha introducido matices, suficientes para que cada lluvia, cada bar y cada mirada al mar sea distinta.

De los diez poemarios que abarca la selección podemos agavillar varias poéticas, que convierten a la poesía en un personaje más: «Aún te visita a veces, como le gusta / hacerlo siempre: por sorpresa. / Sabes que es ella / por el ritmo especial con que se mueve, / ese ritmo que hace / que aunque no diga nada de interés / lo diga de forma interesante». Iribarren, que es un lector asiduo de novela negra, sabe que lo importante no es el crimen, sino el ambiente, los personajes, el modo de contarlo, el contraste del muerto con la vida. Lo importante es que la vida no se vaya de rositas.

En *El mundanal ruido* también aparecieron reseñas de los libros *Las luces interiores*, *Mientras me alejo*, *Un lugar difícil*, *San Sebastián blues*, *El escenario* y *La última del domingo,* del mismo autor.

ARTURO TENDERO

León Molina: *Un hombre sentado en una piedra*

La Isla de Siltolá, Sevilla, 2016

El cubano-albaceteño León Molina (1959) ha encontrado la fórmula de la concisión. *Sentado en una piedra* de la aldea de Yetas, donde vive un retiro laboral y afortunado, absorbe la sabiduría de la propia piedra y del paisaje y de los seres que lo pueblan y nos la ofrece reflexionada y comprimida: «Observar a los pájaros / me ha enseñado a observar el mundo», asegura. Y el lector siente que es verdad, una verdad pequeña e intensa como un pájaro en la mano: «Ahora veo mi pasado / convertido en paisaje».

Molina se mueve entre el haiku, la poesía orientalista y estilizada de su admirado José Corredor-Matheos, al que cita varias veces, y el aforismo, en el que es un consumado especialista. Es cierto que esa mezcla convierte su escritura en un género mestizo, pero su ir y venir no nos distrae, y de hecho hasta se agradece: «Solo puede existir lo amenazado / por la eternidad, solo puede / decirse lo que es cierto».

Cuanto más pequeños son los poemas, mayor carga liberan. Desde la primera polilla del verano que entra buscando la luz de la bombilla y se confía en la mano del poeta hasta el poema en que Molina compara el amor de las parejas antiguas con un perro tumbado al sol, un personaje muy del gusto de Corredor-Matheos, por cierto. Pero también hay otros homenajes repartidos en el ramillete: a *De vita beata* de Gil de Biedma: «Entre las ruinas de la inteligencia, / la víbora de la belleza». También a Joan Margarit, que Molina confiesa que le hizo llorar cuando leyó un poema dedicado a su hija Joana.

El tono general del libro es nostálgico y otoñal, como si la calima que rodeaba al autor cuando escribió estas piezas se hubiera instalado en ellas. El pasado regresa fresco, como si el autor lo estuviera viviendo de nuevo: «Nunca he sido más hombre / que cuando era un niño y sobre mi hombro / reposaba la mano de mi padre». Al final nos quedamos sentados en la piedra con Molina observando los pájaros. «La vida que me queda / es la que puedo recordar».

En *El mundanal ruido* también aparecieron reseñas de los libros *El taller del arquero*, *Rumor de acequia* y *Olor a humo*, del mismo autor.

ARTURO TENDERO

Lola Mascarell: *Préstame tu voz*
Tusquets, Barcelona, 2024

«Delante de nosotros, / como esta mariposa indiferente / que azul revolotea en la mañana, / va siempre nuestra duda».

Préstame tu voz es el cuarto poemario de Lola Mascarell (Valencia, 1979). El título alude a antiguas inscripciones funerarias en las que los muertos rogaban al paseante: «préstame tu voz». Y es significativo reseñar que, durante la escritura, la autora vivió el embarazo de su hija, lo que le inspiró versos natatorios como «imagino tu cuerpo / flotando entre las aguas de mí misma / que flotan a su vez en este líquido / del tiempo que no pasa».

La incertidumbre y el tiempo condensado son los dos grandes temas del libro: «Todo lo que ahora canta / delante de mis ojos / está a punto de irse hacia la noche». El pasado, el presente y el futuro se cruzan y entreveran. Al mismo tiempo nos acercan a un parque donde un par de ancianos «que aún no somos nosotros / alimentan palomas» y un poco más allá escuchan voces de muchachos (que ya no somos nosotros), «diosecillos que juegan sin miedo aún, / sin muerte».

A la vez la poeta está viviendo el primer mes de su hija y pensando en un futuro en que no estará ya la cuna en la alcoba. «El sol de la mañana / no puede iluminar / la noche que se cierne / dentro de nuestro cuerpo». No hay cobijo posible donde solo resuenan los acordes del pensamiento. Se dice a sí misma: «aprende que el refugio es la canción». Y, más adelante, insiste en «aferrarse a la entraña, estarse dentro, / ser uno con la arena, con el mundo, / y escuchar las pisadas de los otros / y sentir esta calma / vacía y expectante de lo inmóvil». Al fin y al cabo, «quién quiere poseer lo que es del aire».

En «Madre», a la vez rinde homenaje e insinúa que somos eslabones de un ciclo. En «Adventicia», aprende humildad de la flor anónima que la sorprende en el camino. Como la luz, la poeta viene a deshacerse en las cosas que mira: «un átomo de polvo, / una foto vacía, / un minuto sereno / que anochece despacio en la terraza». El corolario sería que «dudar es mantenerse / suspendido en el aire. // Dudar es esta casa en la intemperie / que llamamos camino».

En *El mundanal ruido* también apareció reseña de *Un vaso de agua*, de la misma autora.

ARTURO TENDERO

Lorenzo Oliván: *Las percepciones islas*
Pre-Textos, Valencia, 2020

«Asómate a ese vértigo sutil / en que la irrealidad
se hace evidencia. / La más común ceguera de
este mundo / es ver tan solo lo que todos ven».

De vez en cuando viene bien hacer balance, revisar el
camino andado. Y muchas veces conviene evitar la ten-
tación de reunir toda la obra. Mejor agavillar de aquí y
de allá unas piezas significativas. Es lo que ha hecho Lo-
renzo Oliván (Castro Urdiales, 1978) en esta antología
de su poesía que ha titulado con toda la intención *Las
percepciones islas*.

Poemas entresacados de seis poemarios y cinco iné-
ditos componen un conjunto coherente a partir de una
voz reconocible. Dice bien en el prólogo Juan Manuel
Romero que «la mirada es el eje germinativo» de la poe-
sía de Oliván. El propio poeta acuñó la expresión «el ojo
que piensa» para resumir su afán de asomarse a los lími-
tes: «Tensaste en la mañana / el arco del mirar, / al retar
horizontes». Siempre hay distancia en lo que mira Oli-
ván, porque no le basta con tenerlo delante: «No existe
el horizonte que ahora ves, / es sólo una ficción que el

ojo vea, / el reconocimiento de su falta / de ambición al mirar».

El poeta quiere penetrar en la materia, traspasar lo obvio, desnudar el misterio o por lo menos mantenerlo vivo: «Ariadna, no me obligues / a matar el misterio. Si lo hago / y regreso a tu lado, victorioso, / ¿qué quedará de ti? / ¿qué quedará de mí?». No le importa tanto desvelar el enigma como haberlo intentado: «Las apariencias pueden engañarnos. Pero el posible engaño de una visión fugaz será más cierto siempre que la verdad más cierta».

Si el mirar y el pensar establecen una línea de tensión en la poesía de Oliván, el silencio y el olvido marcan la perspectiva biográfica: «nos hace falta olvido / sobre el que levantar lo memorable». El silencio es más que ausencia de ruido, el olvido es un hueco donde acabaremos cayendo: «cada vez cuesta más ser quien se ha sido / a lo largo y ancho de los días». Entre tanto, la poesía entra en el torrente sanguíneo como desde un gotero para perseguir el blanco perfecto, la alta noche, el discurrir puro, las percepciones islas.

En *El mundanal ruido* también aparecieron reseñas de los libros *Dejar la piel*, *Para una teoría de las distancias* y *Los daños*, del mismo autor.

ARTURO TENDERO

Luis Alberto de Cuenca: *Apagaste las luces y encendiste la noche*

El Orden del Mundo, Córdoba, 2021

«Y ni siquiera sé / quién está al mando de esta nave rota / donde tú, vida mía, me disuelves / en la luz de tu abrazo».

De Luis Alberto de Cuenca (Madrid, 1950) se han publicado tantas recopilaciones, antologías y estudios que nos parece imposible leerle un solo verso inédito. Y eso que él persiste publicando nuevos poemarios con meritoria regularidad, y cada vez más frondosos. El último, *Después del paraíso* (2021), reunía ciento seis poemas en cinco capítulos. Sin embargo, basta que alguien nos proponga una nueva mirada hacia su obra, en tamaño abarcable, y colocando el acento en una de sus vetas preferidas, para que vuelva a brillar ante nosotros con renovado fulgor.

En *Apagaste las luces y encendiste la noche* encontramos, sin apenas distracciones, al reinventor de la poesía trovadoresca en la rama galante, al poeta que prefiere fantasear antes que caer en impudicias que puedan herir sensibilidades. También, y al mismo tiempo, al que es capaz de atraparnos con su ironía gamberra, siempre comedida. Aquí están algunos de sus poemas emble-máticos para dar fe: «La malcasada» («Casada» en este libro), «El desayuno», «Bébetela»… Aquí encontramos los perfumes amargos y el olor a flor mojada de un desnudo, encontramos cómo se lentifica el tiempo cuando falta la amada, y cómo el amor que se apaga parece una flor seca en el corazón de un libro. En el juego de las perversiones, nos saludan, como desde un cómic, la figura del engañado, la del mordido por la vampiresa, la del que propone la muerte como Catulo para combatir el aburrimiento conyugal: «muramos juntos, Lesbia».

En su concepción el libro se proponía adelantar como inéditos poemas que terminaron apareciendo en *Bloc de otoño* (2018). No importa. Su formato nos ayuda a apreciar momentos verdaderos libres de juegos y de cortesías: cuando un abrazo se siente hasta los dedos de los pies, o el amor de carne y hueso se antoja la única religión concebible: «tú, recién levantada de la cama, / sin nada que no sea tu glorioso / cuerpo gastado por las decepciones y los desengaños, (…) / esa es mi religión, esa es la única / visión de lo sagrado que conozco».

En *El mundanal ruido* también aparecieron reseñas de los libros *Cuaderno de vacaciones*, *Bloc de otoño* y *El secreto del Mago*, del mismo autor.

ARTURO TENDERO

Luis Antonio de Villena: *Grandes galeones bajo la luz lunar*

Visor, Madrid, 2019

«Nadie se lleva nada a ningún sitio. Pero puede dejar un vago recuerdo —como perdidas estelas— de burbujas, placer y dicha».

Luis Antonio de Villena (Madrid, 1951), infatigable crítico, ensayista, memorialista y poeta, ha reunido sus últimos cuatro años de versos en un volumen que ha titulado *Grandes galeones bajo la luz lunar*. El título evoca ya la decadencia de las velas y el romanticismo de la luna. Y Villena, que sabe que este es su territorio, se regodea, se deja llevar sin demasiados frenos, sin preocuparse de si el resultado son poemas o poemas en prosa o leyendas becquerianas. Hay un peso de nostalgia en cada línea: «Uno siente la felicidad que me dices, no la recuerda, ya que recordar / la embalsamaría». Se refiere sobre todo a pasajes llenos de intimidad e impudicia, donde la impudicia es imprescindible porque introduce la realidad donde tal vez solo haya anhelo y bruma: «Murió. No está. No sé si muchos lo recuerdan. / No hizo nada. Ser. Fulgir. Ensalmar».

En la recopilación, que es prolija y precisa, de letra menuda, hay también momentos de extraño lirismo, como cuando habla de su sueño de que una mujer lo cuide, o descubre en sí mismo gestos que reviven por un instante a su madre y a su tía, o reconstruye el relato de la terrible muerte de un gato. También hay mucha alusión al declive de la vida: «¿Que te hable de la vejez? Si yo pudiera y tú me entendieses, como en un relámpago, dejarías de ser al instante joven, Martín». Hay también mucha autocompasión, siempre balanceándose en el umbral del patetismo, cuando se declara viejo verde o se siente el ser de lejanías en que desemboca la vida: «Sólo me cabe buscar alguna joven belleza cobijadora, que pasará a mi lado sin verme, peculiar privilegio del fantasma».

Y en medio de la prosodia, a veces automática, tendida otras con un cierto desgaire, consciente de narrar la decadencia de un decadente, también hay lecciones escondidas: «la poesía es lo que no sabes por qué escribes, (…) lo que no logramos capturar, esa sensación de esenciero abierto, volátil, aroma que es y ha huido».

Luis García Montero: *Una melancolía optimista*

Visor, Madrid, 2019

«Porque sé que los sueños se corrompen / he dejado los sueños».

Son los primeros versos de «El insomnio de Jovellanos», uno de los poemas emblemáticos de Luis García Montero. Adopta al escribirlo la voz del ilustre político, desengañado en su destierro frente al mar. Lo hace a la manera con que, antes que él, Luis Cernuda encarnó a Luis de Baviera y Valente a Maquiavelo, en otros monólogos dramáticos inolvidables. *Una melancolía optimista*, la última recopilación del granadino Montero (1958), es demasiado variada y amplia como para merecer un resumen, pero podría condensarse en esos dos versos de *Habitaciones separadas* (1994) que anticipan el desengaño inherente a la maduración.

El propio Montero insistía en 2009: «los momentos de lucha pasan, las banderas y los sueños se degradan, pero queda la educación sentimental». Acumular la poesía de toda una vida (aunque sea una selección propia) siempre es generoso porque inevitablemente muestra el proceso de aprendizaje que ha llevado a los logros. García Montero ha sido un alumno aplicado: ha recreado sin prurito a sus ídolos, ha hecho mucho ejercicio de dedos (que diría un pianista) hasta alcanzar la técnica que le permitiera escribir lo que quería escribir.

Abre su recopilación con poemas de *Tristia* (1982), que publicó con Álvaro Salvador, y la cierra con piezas de *Además* (1994), que «por juventud, juego o compromiso» consideraba en las «fronteras de la intención central» de su poesía. Es decir, que detrás de *Una melancolía optimista* hay un afán de coherencia. La prologuista Xelo Candel lo recalca con solvencia. Como pasa siempre, la poesía se rebela desde la emoción para contrariar todas las coherencias y las poéticas, sin que ello signifique (al contrario) que sea menos valiosa: «Nos duele envejecer, pero resulta / más difícil aún / comprender que se ama solamente / aquello que envejece». Son versos también de *Habitaciones separadas*, donde el trasunto poético del autor les decía a sus padres: «En vosotros aprendo que la vida / tiene menos que ver con los principios / que con la dignidad de los finales».

En *El mundanal ruido* también aparecieron reseñas de los libros *A puerta cerrada*, *No puedes ser así (breve historia del mundo)* y *Un año y tres meses*, del mismo autor.

MANUEL ALCÁNTARA: *MAR DE FONDO*
Ciudad del Paraíso, Málaga, 2018

«Solo con perdonarme, yo podría / modificar de golpe mi pasado».

A Manuel Alcántara (Málaga, 1928-2019) se le fue imponiendo el articulista que llevaba dentro hasta llenarlo todo menos su corazón de poeta. Sus primeros poemarios habían brotado torrenciales y le dieron visibilidad enseguida: «Buceo en el instante removido / y mis manos se llenan de palabras». Traía de fábrica la facilidad para el adjetivo, el dominio de la rima, el buen oído. En siete años, entre 1955 y 1962, publicó cuatro poemarios colmados de versos memorables («lo mejor del recuerdo es el olvido», «la vida se me ha vuelto una pregunta», «la mar es un esfuerzo hereditario»). Pero también de poemas cuajados, como «Compañero de viaje» o «Las palabras» o «Las doce menos cuarto».

Era joven y tenía que escribir en esa España. Lo hizo con personalidad, con el escudo de la ironía: «creer en Dios es nieve y se derrite / sobre el hombro cansado de la espera». Cada vez se le fueron haciendo más omnipresentes el mar y su tierra, a la que cantaba con la altivez tajante y fanfarrona de un cantor flamenco: «limito al

norte con nadie / y al sur con Málaga». A la vez se iba
tiñendo de existencialismo. El tiempo se le hacía corto,
la vida fugaz, la muerte acechaba; aunque lo mantenía
en vilo el humor: «dan ganas de dejar todo por irse / a
buscarlos. Conozco el camino: / se va por el atajo de mo-
rirse». La fragilidad del ser humano contrastaba con la
hermosa eternidad del mar y de su noche: «la noche tie-
ne estrellas / y tiene por delante mucho tiempo».

Tras unas colecciones de poemas circunstanciales,
sacó a la luz en 1985 *Ese verano en Málaga*, su último
poemario. Pero siguió acumulando inéditos. Francisco
Ruiz Noguera los ha agavillado todos, los ha unido al
resto, los ha ordenado e ilustrado con fotografías en las
que Alcántara posa con insignes amigos. Les ha añadi-
do un minucioso prólogo y un título, *Mar de fondo*. Ahí
comprobamos que el extraordinario articulista puso
cerco al poeta, pero que no pudo con él: «para haber
visto todo acaso baste / mirar desde el balcón la luna
apátrida».

MARCOS DÍEZ: *DESGUACE*
Visor, Madrid, 2019

«Cae la tarde igual que las certezas,
despacio, / quizás no para siempre…».

El *Desguace* del que habla Marcos Díez, en el título de
su poemario, es el desguace que sufre nuestra realidad
cuando nos abandonamos a las palabras, a su ritmo y
a sus significados: «A dos palmos de mí / todo es una
ficción y nada es». La cita inaugural de José Ángel Valen-
te, para quien el poema crea un mundo propio, es una
declaración de intenciones. También lo son las alusiones
a Antonio Cabrera, que se ayudaba de las palabras para
conversar con la realidad desde la distancia que impone
el pensamiento.

En esa línea, el santanderino Díez (1976) reconoce
que «es todo muy confuso / porque sé que no sueño
cuando escribo / pero ocurre en el sueño este poema».
Y más adelante abunda en que la realidad a la que vivi-
mos atados es solo aparente, si encontramos el modo de
recrearnos abandonándonos al mundo de las palabras:
«Mi cuerpo es el lugar, el único lugar. / Pero mi cuerpo
a veces puede ser / más allá de su piel, / lo mismo que la
luz o que la corriente eléctrica».

No es extraño que fije su atención en puentes, sombras, escafandras, objetos que alimentan esa distancia entre lo observado y lo vivido. Dice en el poema «Animal»: «Cada vez que contemplo / en silencio a mi perro, / sin que nadie me vea contemplarlo, / sin que yo mismo sepa que lo miro / (porque es así, en secreto, / como las cosas reales se contemplan), / cada vez que lo observo / como sin darme cuenta, / acabo viendo al perro / y el perro, no sé cómo, / toca dentro de mí, / muy dentro, / al animal».

Después de haberse asomado al espejo ya inalcanzable de la juventud o a una shakespeariana calavera, expresa su sed de realidad, la que anda reclamando a través de los poemas del libro: «quisieras ser a veces como el perro, / encontrar un mendigo y sólo ver al hombre, / lamer su mano sucia, / tumbarte junto a él». Díez nos aclara: «escribo para hacer de mí una historia, / porque a veces presiento / que sin contarme yo no existiría». Y añade en otro momento: «Hablo de lo que ocurre cuando vuelves / a lo que no es lo mismo».

ARTURO TENDERO

MARÍA GARCÍA ZAMBRANO: *ESTA IRA*
Vaso Roto, Madrid, 2023

«A veces encontramos risa / bajo / los escombros».

El quinto poemario de María García Zambrano (Elda, 1973) está firmemente conectado con el anterior, *La hija* (El Sastre de Apollinaire, 2015). Es la continuación de una experiencia vital extrema que la autora ha decidido convertir en un reto de salvación poética. En 2017, García Zambrano describió el camino emprendido: «tal vez porque la enfermedad dinamita tu propio ser, y una ya no sabe cuánto podrá soportar, aflora la necesidad de que el poema sea "ese lugar donde todo sucede" del que hablaba Pizarnik, ese espacio donde se puede ser sin la atadura del sentido, de lo contingente, donde se pueda amar sin condiciones, donde se pueda soñar una curación».

Y, fiel a esta idea, la autora se desangra en poemas con apenas referentes, que en ningún caso son lugares. De hecho, «Escena del primer verano» transcurre literalmente en un «nolugar». La poeta renuncia incluso a fijar el personaje desde el que habla, cuya identidad se va desplazando al mismo tiempo que los referentes: «Te sostengo / no es mi cuerpo quien te acoge / —una anciana me entrega el fuego / como una ofrenda». O, en otro momento: «ayer soñaba / y eras yo / ese pájaro».

Solo las emociones, que oscilan entre la alegría y el miedo, sirven de brújula. A veces se vale de símbolos, como el caballo («en tu interior un caballo cruza / una gran pradera / y se hunde»). También el insecto ayuda a enfatizar la aparente gratuidad de la ternura: «la mujer recoge al insecto / herido / pequeño para sus dedos / inútil salvamento / lo acaricia».

Julieta Valero, que firma el epílogo y que instintivamente tiende a ayudarnos a contextualizar, afirma que a las mujeres se las ha instruido para sofocar la ira, la emoción del título. Nos informa también del calvario de criar una hija enferma en el que vive la poeta, que sin embargo parece decidida a que sus palabras no solo la sostengan a ella, sino que se sostengan solas: «Bien dicha la palabra Amor / funde los metales / y los convierte en luz».

Arturo Tendero

María Maizkurrena: *Tierra sumergida*
El Gallo de Oro, Bilbao, 2019

«Soy solo lo que veo, lo que fluye, / los días que se pierden, los cielos que se van».

María Maizkurrena (Londres, 1962) es columnista del diario *El Correo* y mantiene la web *Poetas Vascos*. Ha obtenido premios prestigiosos como el Oliver Belmás y el Antonio Machado en Baeza. *Tierra sumergida* es su sexto poemario. Ha visto la luz en la editorial bilbaína El Gallo de Oro y aparece envuelto en una frondosa maquetación de Maider Goikoetxea, que recrea una jungla de color.

A la Maizkurrena poeta le preocupa más el trasfondo de la realidad que la realidad misma, cuyo ruido rechaza: «Está confuso el día. Está confuso / el mundo. / Enredado en sus ruidos. Turbio. Salen / de las grietas del tiempo los insectos / como caballerías de tu miedo / y tu esperanza». Le preocupa rastrear los indicios de lo que fue y está a punto de perderse: «Me interesa la ciudad que existió y ya no está viva / aunque otra con el mismo nombre / ocupe su lugar».

El título del poemario, *Tierra sumergida*, alude precisamente a esa realidad que queda ya fuera del alcance de nuestros sentidos y no obstante todavía nos influye: «Todos estos recuerdos no son míos, / los míos, los de otros, los de nadie, / pero tal vez harán que yo sea yo». *La tierra sumergida* es además el título de uno de los poemas, un largo poema en prosa, cargado de lirismo, que tal vez sea la pieza más poderosa del libro. Partiendo de ciertas sensaciones retenidas por la memoria, se esfuerza en comprender de qué modo el progreso ha transformado el paisaje hasta desfigurarlo: «Pero yo oigo el río. Su sonido es el silencio. Oigo la luz cansada sobre el mundo, la noche que entra, el río que pasa. Oigo la canción de la tierra sumergida». En un tono salmódico, de dolor contenido, el poema anota el paso del tiempo: «No comprendo cómo ha sido posible que llegue el futuro, si aquel atardecer aún sigue fluyendo en alguna parte. Fluye eternamente. Fluye hacia el día de hoy irreparablemente».

El acierto del libro es vincular la ecología con la identidad y el modo en que lo hace: «lo que pasaba era el tiempo, nada más, pero era como si no pasara nada».

ARTURO TENDERO

MARIA-MERCÈ MARÇAL: *DIRÉ TU CUERPO*
Ultramarinos, Barcelona, 2020

«Al azar agradezco tres dones: haber nacido
mujer, / de clase baja y nación oprimida. / Y el
turbio azur de ser tres veces rebelde».

Este verano se cumplirán 23 años de la muerte de Ma-
ria-Mercè Marçal (1952-1998) y de pronto su obra ha
rebrotado con fuerza. Parte del mérito es de Jordi Cor-
nudella que ha editado *Llengua abolida*, su poesía com-
pleta en Labutxaca (2017). Pero también por primera vez
aparecen dos traducciones al castellano de otros tantos
poemarios de los ocho que compuso esta mujer que fue
catedrática de Literatura, traductora de poetas como
Ajmátova, editora en Ediciones del Mall, política nacio-
nalista catalana, feminista de referencia y en definitiva
figura indiscutible del panorama cultural de Barcelona,
que le concedió su Medalla de Honor poco antes de que
el cáncer se la llevase con 45 años.

Precisamente uno de los libros traducidos, *Diré tu
cuerpo*, recoge su poemario póstumo *Rao del cos (Ra-
zón del cuerpo,* 2000), donde volcó su experiencia con
la enfermedad: «Que tu llanto trence con el mío la red
/ bajo mis pies vacilantes / en el trapecio / donde me

contorsiono / cogida de la mano del espanto / de la sombra». La versión de Noelia Díaz Vicedo lo vincula con un libro anterior, *Terra de Mai (Tierra de Nunca,* 1982), un poemario de amor homosexual, escrito en sextinas, con imágenes apasionadas que recuerdan las del García Lorca de los *Sonetos del amor oscuro*: «Y, ya sin esperarte, te espero en la alta orilla / de la noche, ebria de estrellas, verde y menta / y de mi aliento cautiva».

Curiosamente el otro volumen que al mismo tiempo ha aparecido en castellano aborda una traducción diferente de estas mismas sextinas. Marçal se las dedicó a su compañera Mai Cobos Álvarez. En este segundo caso, la versión es de Ana Martín Puigpelat y Meri Torras. Se trata de poemas luminosos, aunque presos del corsé de la rima. Más libres son los versos de *La hermana, la extranjera* que Marçal dedicó a su hija Heura: «la luna quiere / anegarse / dentro del cubo / vencido por el lastre / de tu llanto...». Tan importantes como los versos son unas reflexiones que Marçal compartió en entrevista con Eva Piquer en 1986, y que se recogen en *Diré tu cuerpo.*

ARTURO TENDERO

Mariluz Escribano Pueo: *Cuando me vaya*
Valparaíso, Granada, 2021

«Mi mano está escribiendo el color del recuerdo. / Perdona que te escriba mientras los otros duermen».

Granada y Andalucía entera están homenajeando este año a Mariluz Escribano Pueo (1935-2019), la niña que jugaba en la Huerta de San Vicente cuando la familia García Lorca había partido y su propia madre guardaba luto riguroso: «Mi padre es un silencio que mira como crezco». La guerra, la ausencia paterna, el exilio y el difícil regreso marcaron su biografía a la vez que afirmaban su carácter.

Aquella niña se convirtió en catedrática y ejerció casi cuarenta años en la Facultad de Magisterio de Granada. Decía que el magisterio era un sacerdocio laico. Escribió en prensa, contribuyó a salvar algunos espacios míticos, como el cedro de san Juan de la Cruz en el Carmen de los Mártires. Sin embargo, su vertiente de poeta ha necesitado más tiempo. Se va imponiendo gracias al desvelo de Remedios Sánchez, que incluyó en *Umbrales de otoño* (Hiperión, 2013) un estudio preliminar. Aquel libro obtuvo el Premio Andalucía de la Crítica. «Ser andaluz tiene algo de mágico, de andar por el aire», decía Mariluz Escribano.

La antología *Cuando me vaya* ayuda a subrayar el homenaje y a poner las cosas en su sitio. La poesía de Escribano apunta hacia el perdón y la concordia, y sin embargo es una poesía donde la memoria tiene un peso enorme. La memoria de su madre («desde el patio la llamo, / desesperadamente, / y sólo el mar responde, / es decir, sólo el viento, / quiero decir la brisa, / aquella que movía su pelo, levemente, / mientras la luz de otoño deshacía / la suave penumbra de los arces»). La memoria de García Lorca («Era un tiempo de canciones y trigo / con Federico ausente como un muerto»).

Pero la poesía de Escribano es mucho más que memoria, cubre muchos otros frentes: el amor, el marco vegetal de Granada, su ciudad, el paso del tiempo... Sus emociones se condensan en símbolos: la libertad es un pájaro, la tristeza es lluvia: «a veces digo agua y estoy pensando en lluvia, / otras pronuncio pan y me acuerdo del trigo, / digo velero y voy navegando en las olas. / Cuando aspiro el silencio es tuyo mi suspiro».

ARTURO TENDERO

Miguel Ángel Curiel: *Luminarias*

Amargord Ediciones, Madrid, 2012

«Es inútil prepararse para la muerte. Inútil
servirle el té en el jardín seco, hablar con ella.
Pasa el tiempo, no se lo bebe, no te contesta».

Miguel Ángel Curiel (Korbach Valdeck, 1966) es capaz
de mirar las cosas como un niño, lo que no quiere decir
que las mire con superficialidad. La hondura de un niño
es la sabiduría que hemos ido perdiendo los adultos a
medida que perdemos la costumbre de mirar: «un hom-
bre desangelado, lleno de sí. Se vaciaba mirando». La
mera observación, sin prejuicios, proporciona un saber
que es vital y poético a la vez, nos cambia a nosotros y
cambia las cosas, o por lo menos eso parece: «Entonces
te levantas de la cama, corres el visillo de la ventana y
miras a través de los árboles y la espesura del parque.
Tus ojos ponen en paz las cosas».

Volvemos a ver lo que tantas veces hemos visto an-
tes, la lluvia en el mar, las montañas, las velas, incluso el
silencio de las rocas «donde confluyen los silencios de
muchos lugares». Volvemos a ver, pero estamos viendo
por vez primera. También el gran funeral del escarabajo,
al que retira una comitiva de hormigas, o los sueños que

bebemos en el agua del cántaro que ha traído una mujer en la cabeza. *Luminarias* es un libro de fragmentos, en realidad pequeñas revelaciones, cada una de las cuales contiene en su interior el mundo: «necesidad de trabar la realidad con fragmentos. Fragmentos trabados en el Tajo. Cada fragmento intenta explicar el mundo por sí solo».

La mirada y el pensamiento (solo en apariencia naíf) de Curiel confluyen con naturalidad en la escritura. Y el autor también observa con curiosidad el encuentro. Dice que «la poesía necesita de un estado de ánimo fallido», que escribe «sin entender lo que está escribiendo», que va por detrás de lo que escribe, que «deja de ser para solo estar». Que «un verdadero poeta no domina las palabras, suelen éstas dominarlo a él. Se mete en ellas como una oveja en un avispero». Dice Curiel que para conversar necesita ver los ojos que le miran, libres de las gafas de sol: «No puedo hablar a quien no veo los ojos. Siempre les hablo a unos ojos».

Miguel d'Ors: *Viaje de invierno*
Renacimiento, Sevilla, 2021

«... Descubierto el engaño, lo que realmente
añoras / no son las cumbres que recorriste de
joven / sino la juventud que allí te acompañaba».

Miguel d'Ors (Santiago de Compostela, 1946) sigue sacando a pasear su oficio en cada libro con un virtuosismo que consiste en disimular el virtuosismo, de acuerdo con la máxima de James Whistler («solo el trabajo borra las huellas del trabajo»). Hay un poema de *Viaje de invierno* que es ejemplar en este propósito; se llama «Tarde con Irene» y consigue distraernos con lo que parece un juego de fantasías con la nieta, hasta que nos saca a nosotros y a ella de nuestro arrobo: «¿Tonterías, Irene? Te prometo / que lo que aquí hemos hecho es un soneto».

En varios de los sesenta poemas que componen el libro introduce pistas de su taller, empezando por la cita inicial de Lope de Vega («oscuro el borrador y el verso claro») y culminando en el poema «Trazabilidad», que termina con estos versos: «después de todo esto está el poeta / ya viejo —yo— que esta mañana, en Poyo, / recuerda y va esbozando, tachando, corrigiendo, / mintiendo un poco a veces / para que cada verso suyo diga / algo más verdadero que la simple verdad».

Tan importante como el dominio de la herramienta, siendo herramienta también, está el personaje que nos habla en los versos, que, como siempre sucede, es (pero no es) el poeta mismo: un cascarrabias con la ironía afilada que disfruta en el límite de la incorrección política, como cuando alaba el estimulante gorgorito de un pájaro («¡cómo cantaba el maricón del mirlo!») o elogia en «Tallas grandes» a las lanzadoras de peso escandinavas. D'Ors no pierde de vista sus constantes, pero aún es capaz de profundizar en la emoción de sus abuelos («El lobo de Quireza») o añadir a su antología otro poema de amor («Guijarro de la playa de los muertos»). Además, sigue lamentando lo que dejó de hacer, la edad que va siempre por delante de la vida o su fracaso literario (con cierta sobreactuación, todo hay que decirlo). En definitiva, siendo muchos poemas sesenta, hay los bastantes como para disfrutar, y mucho, de poesía verdadera.

En *El mundanal ruido* también aparecieron reseñas de los libros *Átomos y galaxias* y *Manzanas robadas*, del mismo autor.

ARTURO TENDERO

MIGUEL MAS: *LUGARES DESHABITADOS*
Libros del Aire, Cantabria, 2020

«Y sea yo testigo accidental / de que por esta senda luminosa / sin saberlo cruzó una vez la vida».

El Miguel Mas de *Lugares deshabitados* es el poeta que da fe de la vida, cuando ocurre allí donde nadie más puede verla, mientras está sucediendo en el puro presente, aunque el puro presente transcurra mientras se mira una vieja fotografía: «Como son inseparables el agua / y la corriente limpia que la arrastra, / corren juntos los días y el olvido». Así, como viejas fotografías, el presente y el pasado se funden en una sola percepción, que deja una huella de palabras que hay que fijar mientras afloran para que no las borre el mar del transcurrir.

Un horizonte, el del mar, muy querido por este poeta, que al fin y al cabo nació en Valencia en 1955: «cuando el mar se retira son palabras, / cuando sube la marea, son olvido». Guiado por esa misión salvadora, Mas nos ofrece una serie de imágenes con vocación de pinturas: una mujer sentada, otra de negro, algunos amaneceres, algunos cielos, nieblas, asomos desde un balcón. Mientras las ven los ojos, se están grabando en el alma para brotar transformadas en palabras. A veces no llegan, simplemente: «las palabras que no supo decir, / las que algún día pudieran salvarlo, / flotaban aún a su alrededor / con el brillo de los ángeles muertos».

Mas no busca los momentos luminosos o poblados en los que la energía del mundo se vuelve contagiosa, sino precisamente los que se quedan en la orilla de esa luz, lejos del protagonismo. Insiste en la querencia de la trastienda, de lo escondido, de lo desolado: «ojos que eternamente velan no el alborozo / de las golondrinas cruzando la rada / sino el silencio nocturno de los embarcaderos / (...) Noche universal, chatarra del mundo». Hay, en ese afán de buscar lo velado, un extravío propio, en el presente perpetuo de la mirada, de lo que está ocurriendo extramuros de la intimidad: «yo soy, sin embargo, el hombre aplazado, / quien no empieza ni desanda el camino, / el que se oculta en la obviedad de estar / expuesto a vivir del constante presente».

ARTURO TENDERO

Natalia Sosa Ayala: *Soy éxodo y llegada*

Torremozas, Madrid, 2021

«Yo no puedo esconder más el fracaso / de haber nacido mujer y femenina. Soy un ser pequeño, / me parezco a los perros de la calle, / llevo de ellos la misma, eterna, melancolía».

Con buen criterio, Blanca Hernández Quintana ha escogido los tres últimos poemarios de Natalia Sosa Ayala (Gran Canaria, 1938-2000) para resumir su obra. Pertenecen a los años noventa del siglo pasado, cuando la poeta ya había quedado hemipléjica. Y son muy diferentes.

El primero, *Diciembre* (1992), es sin duda el mejor. Exhibe un desparpajo deslumbrante, con un toque modernista. Canta a la naturaleza, al mar omnipresente, al sol, a las plantas a las que consagró sus cuidados: «¡Qué importa si la brisa por mi espalda desliza / su canto wagneriano!». Impera un tono autocompasivo, que se irá ensombreciendo poco a poco, pero todavía hay energías para elevarse en el ideal: «Oh, amante, tenme lejos del mundo / en la luz de tu seno». También hay energías para esgrimir la rabia en poemas como el estremecedor «No estar»: «No estar es la palabra radical que conozco, / los primeros signos que aprendí siendo niña / en todos los contornos / y en las esquinas todas». Sosa se siente aislada por la enfermedad, por ser mujer, por su lesbianismo, y exorciza todas las críticas, las que la acusan de indolente, las que la silencian, las que la llaman loca: «La locura es el supremo esfuerzo de vivir / más allá de todo lo infinito».

Como contrapunto, en «Ella, mi madre» derrama su ternura. Las piezas escritas entre 1996 y 1997 componen una segunda parte becqueriana, la más débil, aunque destaque algún poema como «Instante» y deslumbren algunos destellos: «Ante el espejo, / mañana tras mañana, / observo a una mujer que no conozco, / de vacilante mirar, / de pelo blanco».

Finalmente, el tercer libro, que se publicó tres años después de su muerte, se titula *Los poemas de una mujer apátrida*, y está consagrado con plena convicción a explicarse a sí misma y explicar al mundo por qué no se siente de ningún lugar: «la sed de esa familia que no tengo / yo la calmo / volviéndome colono / de la inexistente patria que recorro».

ARTURO TENDERO

OLALLA CASTRO: *TODAS LAS VECES QUE EL MUNDO SE ACABÓ*
Pre-Textos, Valencia, 2022

«Toda muerte contiene / las muertes anteriores, forma / un único cuerpo / que crece cada vez».

En estos versos iniciales del poema «Matrioshka», Olalla Castro (Granada, 1979) condensa el trasfondo de su libro. *Todas las veces que el mundo se acabó* nos habla de la muerte desde distintas perspectivas. Empieza con la neblinosa de las leyendas literarias: «Saber que morirás, / y, sin embargo, / acudir puntual a la batalla». Pasa por el proceso de hominización, que es al mismo tiempo un proceso de perversión por el lenguaje: «Erguirse es también alejarse del bosque. / Erguirse es también aprender a mentir».

Para Castro, la lengua tiene un enorme poder («es al pronunciarlo / cuando el mundo tirita»), un poder que no sirve para entendernos, sino para enredarnos más: «En el festín, en la oración, en la batalla, / era su lengua la misma algarabía». La lengua nos complica a nosotros y complica el mundo que habitamos. «Solo al callar, a veces, / de rama en rama saltaban los insectos / y la vida era un canto, / un agitar de alas y su eco». El lenguaje no nos sirve ni para lo más elemental; «¿Decir amor?», uno de los poemas capitales del libro, pide que hable el cuerpo antes que las palabras: «Amar es expandirse. / ¿Decir *amor*? / No. / Propagar con las yemas / este lenguaje cimbreante». Los significados se desbordan, quedan afuera, debajo o atrás. Quizá por eso «nuestra historia es la historia / del avance del daño».

A medida que nos adentramos en el libro, conforme van quedando claras estas impotencias, los poemas van desprendiéndose de aquella distancia neblinosa y acercándose a la vida. A menudo son más breves e intensos. Aunque conserven cierta proporción de enigma, sabemos de qué nos hablan cuando nos hablan por ejemplo del limo «que desde el principio de los tiempos / se repite». El temblor, la inquietud, el miedo, insisten. «El miedo es un canto rodado / que el río arrastra. / Un fondo de verdín / que solo algunas veces sale a flote».

Todas las veces que el mundo se acabó ha recibido el II Premio Ciudad de Estepona.

Arturo Tendero

Olga Novo: *Felizidad*
Olifante, Zaragoza, 2020

«Ahora soy cóncava o convexa según me mires
tú / o me mire yo: / hay cosas que solo se
comprenden / llevando una vida dentro».

En *Felizidad* confluyen dos acontecimientos supremos
de la vida de Olga Novo (Vilarmao, Lugo, 1975): quedó
a la vez embarazada de su hija Lúa y conoció el diag-
nóstico funesto de la enfermedad de su padre. A par-
tir de ahí empezaron a contarse los siete años en que se
fue fraguando el poemario, cuyo título es un calambur
intraducible en castellano porque abraza en gallego las
palabras «feliz» y «edad».

Desde este punto de partida, los poemas brotan con
energía, en la tradición de Walt Whitman, coloquiales
y atentos a la vida palpitante, repitiendo a veces versos
como si fueran ecos o estribillos sonámbulos. No le ha-
blan a la multitud, sino, en distintos momentos, a su
hija, su padre y su pareja, pero les hablan con todo el
cosmos puesto en pie, incluidas las intertextualidades.
A menudo parten de una anécdota que se mezcla con
una visión calidoscópica y totalizadora: «Tú no lo sa-
bes, / pero hay un árbol que ya no existe / cuya sombra

te protege. / Igual que la razón matemática / por la que un límite tiende al infinito».

Novo regresa a menudo a su infancia rural para canalizar la energía que comunica el pasado con el presente. Por ejemplo, en el poema «La cosecha de patatas», uno de los más recomendables, empieza contándole a su padre: «Si supieras que al cosechar las patatas yo oía a Rajmaninov / en los entrepaños de aquella mañana fresca / que nunca volverá». Y acaba compartiendo con él: «la mañana llegando a un instante en que se condensan todos / y así puedo vivirte de manera simultánea / sin temor a perderte en la materia…». Otro de los destacables, «Sueño», un poema de amor de atmósfera onírica, se abre con estas palabras: «A veces sueño que me acaricias / y el lagarto de las vértebras sorprendido colea sobre la hierba».

Olga Novo obtuvo por *Feliz Idade* el Premio Nacional de Poesía 2020. Es su primer libro traducido al castellano.

Olivia Martínez Giménez de León: *Los años del hambre*
Candaya, Madrid, 2022

«No es más vulnerable el que se muestra / capaz de ser herido».

Como dijo Machado, «hablo con el hombre que siempre va conmigo»; y de esta conversación con uno mismo suelen brotar los poemas. Aunque los poetas solemos retocar lo que nos decimos antes de transcribirlo porque no todo vale, lógicamente. Se trata de despertar emociones, y surgen dudas y autobloqueos. Muchos autores, de hecho, prefieren incluso no saber qué están diciendo. Así que los poetas corregimos nuestra conversación, la matizamos, la hacemos digerible para soportarla nosotros mismos y para adaptarla a una fórmula, a una manera de decir que pueda insertarse en la tradición, que no deja de ser un corsé.

Por eso nos impacta tanto cuando alguien parece haber suprimido el filtro. Pasó en su día, por ejemplo, con el primer libro de Pablo García Casado (*Las afueras*, 1997). Ahora pasa con este libro de Olivia Martínez Giménez de León (Alicante, 1980). En parte nos cala lo que dice porque llama pan al pan y vino al vino: «he follado como dando de comer a una fiera».

Tampoco nos engañemos: hablar a lo llano es tan antiguo que por ejemplo Catulo ya lo hacía. Pero hay que saber decirlo para que nos llegue como nuevo. *Los años del hambre* es un libro en el que una mujer se va contando a sí misma sus problemas con la identidad y con la anorexia, con una relación de amor furtiva... Tampoco los temas son novedosos, y sin embargo consigue que suenen verdaderos. Se habla a sí misma sin saña y sin componendas, con la crudeza de quien no tiene nada que perder. Cada verso es una emoción y un martillazo. Los leemos con el convencimiento íntimo de que son auténticos, que desde el primero hasta el último retratan una vida, su vida.

A estas alturas, en estos tiempos de bulos y de hipocresías, cualquier ciudadano, pero en especial el lector de poesía, lo que busca es autenticidad. Y aquí la encuentra. Lo que no significa que no haya literatura, mucha y bien encarnada: «Hoy también has soñado. Llevas anillada la lengua al silencio: es tiempo de callar, te dices... Si dices monstruo, el monstruo aparece y el monstruo eres tú. Así que te sumerges en la profundidad de la ballena. Para no decir nada».

ARTURO TENDERO

Pablo Fidalgo Lareo: *El perro en la puerta de la casa*

Liliputienses, Cáceres, 2021

«Ese eres tú intentando definirte. / Navegando entre dos islas / que son dos identidades, que son dos perros, / que son dos formas muy diferentes / de llamar al timbre de tu casa».

Pablo Fidalgo Lareo (Vigo, 1984) vive tan vinculado al teatro como a la poesía. Por eso *El perro en la puerta de la casa* es un libro conversado; transcurre en un escenario que podría explicarse en una línea: es una historia de amor en una isla (Sicilia) donde hay muchos perros. A partir de este marco, Fidalgo desarrolla poemas que tienen mucho de biográficos y que a la vez se elevan buscando la propia identidad, huidiza siempre entre las contradicciones del mundo circundante: «Crees que la destrucción lo explica todo / y no explica nada. / Lo que llamas destrucción es solo un paisaje insuficiente». Fidalgo confiesa que ha conseguido superar el miedo a los perros, que en su caso era un miedo aprendido. Y los perros forman parte de la escenografía incómoda del libro: «Siempre hay un modo de amar / lo que nace roto, interrumpido, / rodeado de agua por todas partes». Cada poema es una experiencia que se va entreverando de reflexiones y de conclusiones. «Lo que nos hace la vida / es darnos una identidad / pase lo que pase, / cueste lo que cueste». Más adelante: «Acepta que solo al recordar / elaboras algo verdadero».

Aunque el conjunto está más bien deshilvanado y quizá le convendría una poda, Fidalgo consigue mantener la atención gracias al tono y a esos hilos conductores del ambiente y de la desorientación. No en vano nos muestra por dentro el mundo complejo en el que nos movemos cuando salimos de la zona de confort, un mundo sin asideros emocionales: «He tardado tiempo en entender / que ni siquiera cuando somos elegidos / somos únicos».

Si creíamos que todo tiene que estar localizado y ser comprensible, Fidalgo nos desengaña desde una isla que flota en medio del Mediterráneo, donde se balancea perdido y a la vez muy centrado, sin dejar de buscarse: «He estado mucho tiempo imaginando el sur / sentado en las plazas. / Si nadie te enseña pronto a perder el tiempo / ya no lo aprendes».

En *El mundanal ruido* también apareció reseña de *Anarquismos & Daniel Faria*, del mismo autor.

ARTURO TENDERO

Pablo García Baena: *Claroscuro*
Pre-Textos, Valencia, 2019

«Sombras de aquellas noches, id en paz / hacia el silencio».

Tras la muerte el año pasado del cordobés Pablo García Baena (1921-2018), sus herederos confiaron a José Infante y Rafael Inglada los poemas que había ido reuniendo desde 2008. No dejó nada dicho sobre el destino final de estas piezas póstumas, aunque cabe interpretar que no las consideraba suficientes o lo bastante acabadas para conformar un libro. Sí que había leído algunas de ellas en intervenciones públicas y había entregado otras para distintas revistas, además de manifestar su intención de culminar algún día ese libro, al que tenía puesto el título de *Claroscuro*.

Finalmente los tres años últimos de penumbra y la muerte terminaron por malograr el proyecto. «Con gran temor, rubor y cuidado», Infante e Inglada han dispuesto los doce poemas en la forma cronológica en que deducen que los fue escribiendo el maestro del grupo Cántico. Han retirado los sonetos, como tenía por norma, y han colocado al final un poema religioso, que era otra de sus constantes. Eran tan pocos que no daban para dividir el libro en partes, otro hábito de Baena.

En sus últimos años, y debido a los problemas de vista, su escritura pasaba por un ritual: iba construyendo los poemas en la memoria, luego los grababa, después se los transcribían en papel con letras grandes, Pablo los corregía a mano y, cuando les daba el visto bueno, su sobrino Luis Ortiz García o su sobrino nieto Antonio Luis Amezcua Ortiz los pasaban a ordenador. Ellos fueron los cooperantes imprescindibles en el proceso.

A pesar de la brevedad de *Claroscuro*, constatamos que el poeta seguía comprometido con el mundo y la naturaleza: «Bosques, creced en la agonía del mundo». Seguía encontrando consuelo en el transcurrir de las estaciones: «Hasta para el que mira, encerrado en sus años, / el verano será el tiempo de la dicha». Y se asomaba al tormentoso río de la vida, con la serenidad de haber llegado a ser universal sin dejar de ser local: «Allí estaba, en el pretil del puente, / contemplando en días de temporal / el bravío arrasar de la riada / que llevaba en fragor / ramas, aperos, vigas de almadía, / naos donde se posaban ateridas las aves».

ARTURO TENDERO

Pablo García Casado: *La cámara te quiere*
Visor, Madrid, 2019

«Sabes lo que está pasando ahí dentro. Y lo que pasará después, ella recogerá sus cosas y no volverás a verla. Nadie hablará del asunto. Tú tampoco».

De Pablo García Casado (Córdoba, 1972), recordamos aquel primer libro que estuvo a punto de recibir el Premio Nacional de Poesía. Se llamaba *Las afueras*, y apareció en 1997 en la desaparecida y recordada editorial DVD. Recordamos en especial un poema que llevaba por título una matrícula de coche «CO-2251-K».

Era un poema en el que dos jóvenes anónimos se sentían observados por un tipo sospechoso mientras hacían el amor dentro del habitáculo: «será hijoputa? qué hago? que qué haces? / ponte las bragas y vístete yo cojo las llaves / y arranco deprisa! no vayamos a salir // en este poema».

En su siguiente libro, *El mapa de América* (DVD, 2001), Casado trasladó la fórmula a las atmósferas legendarias de Estados Unidos, sin perder la conversación *in medias res* entre tipos anónimos, ni la habilidad para sugerir sin desvelar los referentes, ni la ironía que le ayudaba a suavizar los aspectos más crudos. Los personajes eran españoles perdidos en las carreteras del medio oeste americano: «no sé qué decir / no digas nada compra también un mapa / un mapa de américa nunca se sabe».

En 2007 volvió con *Dinero* y en 2015 con *García*. Ha tardado menos, cuatro años, en servirnos su nueva entrega, *La cámara te quiere*. Aquí sus textos giran en torno a intimidades del mundo de la pornografía, sin llegar a revelarnos nada, como siempre. Cada vez con mayor maestría, en una fórmula que domina a la perfección, logra situarnos con cuatro frases coloquiales que reproducen una conversación entre hombres y mujeres anónimos.

Otra cosa es que podamos llamar poemas a estas piezas en prosa que generan intriga. Microcuentos quizá sería más apropiado. Pero no vamos a ponernos exquisitos: son literatura, son muy personales, se disfrutan, dan que pensar, contienen la verdad de la vida, ¿qué más queremos? «Hasta dónde te puedes dejar hacer. En qué momento dices no, ni por todo el dinero. Cuál es el límite del dolor y la obediencia. *Eso nunca lo sabes. Nunca llegas a saberlo*».

ARTURO TENDERO

PEDRO SEVILLA: *PARA CUANDO VOLVAMOS*
Renacimiento, Sevilla, 2018

«Un caracol que cruza el frío mármol / de una
tumba olvidada / una vacía tarde de domingo. //
Y también estos ojos que lo miran cruzar».

Pedro Sevilla (Arcos de la Frontera, 1959) ha reunido
sus poemas, los publicados hasta la fecha en cinco libros
y los no publicados, en un volumen cárdeno que ha titu-
lado *Para cuando volvamos*. En prólogo que compone a
manera de poética, avanza que «no se debe escribir para
ganar una guerra ni para engordar el ego y la vanidad»,
que «hace falta echarse a un lado, quitarse de en medio
para no estorbar al poema». Sin embargo, y afortunada-
mente, la sensación que tenemos es de que el autor está
muy dentro de todos los poemas, si exceptuamos algu-
nas tentativas envaradas de su primer libro.

Machadiano y sentencioso, todo lo que escribe se
entiende y se siente. Ahí están su familia, sus padres
envejeciendo, su mujer y sus hijos, sus recuerdos del
colegio y de la universidad, están sus maestros, algún
vecino viejo y está la luz que envuelve las rosas en «su
extraño ropaje, / igual que en las estrellas, / es la desnu-
da luz / que lo acaricia todo como un ciego». La muerte

está también, pero más como una presencia cotidiana, familiar, casi doméstica, que como una amenaza. Abarca todo el libro, desde el shakespeariano poema «Meditaciones ante un cráneo» hasta la intuición final de su madre viniendo a recibirlo: «feliz de que seas tú mi guía en ese trance / y que igual que en la infancia camino de la escuela, / entremos en la muerte, en su misterio, / cogidos de la mano».

Quizá podamos resumir el libro en la intuición de que la vida es una lucha entre la luz y la muerte, donde no siempre gana la segunda, como ocurre en el poema «Playa de Levante»: «Con tanta luz la muerte no se atreve», o recordando al viejo Oca: «la tarde está inundada de sol y todo es para siempre». Por mucho que la vida se nos vaya diluyendo en nostalgia, siempre, siempre, subyace la ternura: «ya ves en lo que acaba la más grande / pasión, los violines / que entonces arañaban, con una saña dulce / nuestros dos corazones, / hoy suenan en las manos fraudulentas y sucias / de la publicidad».

ARTURO TENDERO

PILAR BLANCO DÍAZ: *YO ESCRIBO LA NOCHE*
Chamán, Albacete, 2020

«Lo que la mujer reclama no es un cuarto propio / ni es un lenguaje propio: despliega sus cuchillos / y abre cada palabra como una ostra viva que se lleva a la boca, / que le estalla en la boca con ímpetu salobre».

Interpreta el lenguaje Pilar Blanco en este libro como lo interpretaría un músico de *jazz*, improvisando las notas desde una base mística: «Muere / solo lo que ha vivido: / la alta llama». Suenan a san Juan, a santa Teresa esos versos. Ese salir a la noche, ese adentrarse en ella como en un cuerpo amado: «el que ama se entrega, / el que ama se desensimisma, / abre su corola para ser mundo, para / ser otro, para dejar de ser».

Escribir para Blanco es avanzar por el laberinto del lenguaje y saltar al vértigo de la realidad usando los conceptos como lianas, entre las cuales «yo escojo solamente una palabra: / amor». Eso dice esta leonesa residente en Alicante, que sale para hacer luz de la ausencia de luz, para hallarse en el abandono: «hemos cruzado todos los límites / la vida atrás / los golpes. / Seguir el manantial hacia su fuente, / recuperar, / nacer, / alcanzar la pureza».

Y, no obstante, al final del trayecto no encuentra claridad, sino desesperanza: «¿Quién apagó la luz? ¿Quién rellenó de cascotes de culpa las rendijas del sueño?». En esa constatación, Pilar Blanco retoma el espíritu existencialista de libros anteriores; «He venido a morir, es a lo que he venido», dice. Y «rugen los motores de la pérdida. Van levantando / grava, van excavando las zanjas del nuncajamás». Es ahí, donde las palabras ya no ofrecen consuelo, donde la poeta se deja llevar, «dolor contra el dolor tentando el equilibrio. / Si acaso compañera de inmensidad, / de tabla en el naufragio irreversible».

Es ahí donde usa las palabras como un músico las notas, no para que se entiendan, ni siquiera para que las imágenes equivalgan a emociones, sino para que resuenen en el interior del lector con la rabia debida, con un tono tenso que no decae, que nos mantiene en vilo percutiéndonos, arritmándonos con su desesperación, andando siempre sobre el perfil del vértigo, a punto de caerse y de arrastrarnos.

En *El mundanal ruido* también apareció reseña de *Vigía de tu paso*, de la misma autora.

ARTURO TENDERO

Rafael Camarasa: *Cabos sueltos*
Ediciones Contrabando, Valencia, 2023

> «Un hombre al que el azar ha situado en el rompeolas de un momento / para que admire la tempestad / que tantas veces lo arrastra».

La voz de Rafael Camarasa (Valencia, 1963) nos habla desde escenarios cotidianos que resultan acogedores precisamente porque se dirige a nosotros «con el temor creciente de un monje / que, en la profunda quietud de su celda, / ha visto afilarse la llama de la única vela que lo alumbra». Cierto que a veces las descripciones se alargan peligrosamente, pero si le dejamos acabar comprendemos que todas las palabras eran necesarias. Al fin y al cabo, la escritura de Camarasa derivó hacia la prosa poética en *Cromos* (2007), apenas cuatro años después de que, según el prologuista Francisco Fernández Meneses, cuajaran estos *Cabos sueltos* que afloraron en 2018 y ahora alcanzan una segunda vida, revisada y ampliada.

Qué bueno que libros notables que pasaron desapercibidos sean rescatados. El mérito en este caso es de Paco Benedito y Lola Andrés, capitanes de la colección Marte de Ediciones Contrabando. Dice el poeta: «sé que una marca no me asegura que volverás a por el libro de tu mesilla, / pero sí que tenías esa intención / al doblar el ángulo de la hoja». Camarasa hurga en las contradicciones de la vida, señalándolas, no tanto en busca de explicación como de la emoción que destilan: «En el suelo agrietado del patio, el árbol solo proyecta una sombra. / Y siento nostalgia porque me marcho. / Y alegría porque regreso».

Así compartimos que la pareja está contemplando el mismo paisaje pero se fija en cosas distintas en el poema «Universos paralelos»; en «Celebración» compartimos el momento en que el niño pide el deseo de cumpleaños antes de apagar las velas y el padre sin quererlo esboza su propio deseo; compartimos («Una historia antigua») que el poeta detecta a una vieja novia en el supermercado y duda sobre si saludarla o no, terminando por renunciar: «No quise remplazar a ese otro yo que, en su memoria, / creería en causas en las que ya no creo». También el poema que acertadamente cierra el libro, «El regreso», en el que los amigos vuelven en el coche cantando una canción infame que sin embargo será ya para siempre el himno del viaje.

En *El mundanal ruido* también apareció reseña de *El que mira*, del mismo autor.

Arturo Tendero

Rafael Espejo: *Hierba en los tejados*
Pre-Textos, Valencia, 2015

«he aquí el lenguaje / buscando realidad a lo que significo».

Observar el mundo es aprender a distinguir lo que pasa fuera y lo que ocurre dentro de nosotros, lo que llamamos conciencia. En esa frontera han trabajado muchos poetas. Uno de los más cercanos y certeros fue César Simón. Rafael Espejo (Palma del Río, Córdoba, 1975) se maneja en ese umbral, entre lo que se mueve y cambia fuera del poeta y lo que se mueve y cambia a su alrededor. Ese es su material poético. Su manera de amasar este material es también personal. A mí me recuerda a Charles Simic cuando construye alegorías en las que la realidad y la intuición se confunden en un mundo paralelo lleno de sugerencias.

El amor está en unos árboles que observa desde la ventana y que mudan lentamente conforme cae la tarde («Tras la cortina de árboles»), o el niño entierra unas liebres creyendo que pueden reproducirse como semillas («Fábula del árbol liebre»). Hay que tener mucha pericia para no salir flotando en el proceso. Espejo se sostiene adoptando una apariencia naíf, un esquematismo infantil, para que no resulte extemporáneo el extraña-miento: «Hablar me hace mayor, / me desvincula». A veces yuxtapone imágenes que aparentemente no guardan ninguna relación en estrofas sucesivas, una fórmula también muy habitual en Simic.

En la poesía de Rafael Espejo, como en la niñez, el asombro es un fenómeno imprescindible: «No puede ser mentira lo que asombra, / no puedo equivocarme si me evado / para saber de mí». Asombro por los cambios que se producen a nuestro alrededor y por nuestra manera de reaccionar ante ellos: «Lo que adoré una vez / me dejó de asombrar, / me convierte en intruso. (…) ¿Qué me enseña vivir / si todo muda?».

Se asombra por los cambios que obra en nosotros el tiempo y por la distorsión de la memoria: «Si digo invierno ahora, / echo de menos a alguien que no sé / si alguna vez he sido». Entrar en el mundo poético de Rafael Espejo requiere un aprendizaje; que la llave de la paciencia vaya abriendo puertas. Al otro lado, hasta lo elemental suena nuevo: «Yo solo rijo en mí de boca para afuera, / y esto viene de dentro, la mujer / viene de dentro».

ARTURO TENDERO

Rafael Fombellida: *Mi lado izquierdo*

Renacimiento, Sevilla, 2021

«Y te inclinas hacia estos versos míos, / versos
que vició siempre una leve demencia. / Te
agradezco que lo hagas sin buscarles
sentido, / sin hurtarles su euforia, su ausencia de
razón, / mientras nieva sobre las uralitas».

Con estas palabras del poema «Moira», Rafael Fombe-
llida (Torrelavega, 1959) ha condensado un autorretrato
poético bastante ajustado. Es la suya una poesía singular
en el actual panorama español por lo que tiene de ex-
presionismo apasionado, acumulador de imágenes que
a veces se le descontrolan, pero que cuando fluyen bien
enfocadas transmiten la emoción sin que sea necesa-
rio entenderlas, porque las emociones son en su esen-
cia incomprensibles, sobre todo esas que consideramos
negativas y por eso mismo resulta difícil usarlas como
material poético.

«Aunque tú no lo creas, estos actos / nos dan cono-
cimiento. (...) / Quiero unirme al rencor de ser oscu-
ro / y apedrear la puerta de un garaje / o arrollar algún
perro con mi auto, / porque el dolor enseña cuando
es otro / quien lo padece». Baudeleriano sin tapujos,

Fombellida es capaz de expresar la ira, la lujuria, la violencia, con una autenticidad escalofriante y al mismo tiempo bella, porque los lectores de poesía somos rastreadores de autenticidad. Así, hay un puñado de poemas suyos que merecen ser considerados entre lo más certero que se ha escrito en las últimas décadas, la mayoría de ellos concentrados en su libro *Violeta profundo* («Matinal de domingo», «Geórgica», «Árbol de noche»...), pero algunos también anteriores y posteriores («Vendimiario», «Ella descansa»...).

Todos los citados, y otras piezas notables, forman parte de esta selección, *Mi lado izquierdo*, que recorre el arco temporal de su escritura entre 1989 y 2019. Xelo Candel le ha añadido un prólogo minucioso y esclarecedor. Fombellida hace tiempo que renunció a los poemas que escribió en los años 80, porque considera que pertenecen al joven que ya no es. A cambio, y como guinda, añade tres inéditos que prolongan la coherencia del libro: «solo buceo en el invierno. Avanzo / como lo haría un saurio bajo el calambre apático / de las constelaciones».

En *El mundanal ruido* también apareció reseña de *Di, realidad*, del mismo autor.

ARTURO TENDERO

Rafael Guillén: *Últimos poemas (Lo que nunca sabré decirte)*
Vandalia, Sevilla, 2019

«Los aleteos / de tu sonrisa iban y venían / por mi dolor».

Cualquiera que conozca someramente la historia de la poesía sabe que uno de los temas más difíciles de abordar a estas alturas es el amor. Escribir de amor en el siglo XXI, después de todos los poemas sublimes que nos han precedido, es escalar un Everest que a veces se antoja inalcanzable. Ahí está el reto.

Rafael Guillén (Granada, 1933), a la vuelta de todos los premios y todos los viajes que una vida larga puede concederle a un poeta, ha reunido un libro de amor y lo entrega limpio y sin pretensiones. Lo ha llamado *Últimos poemas* y le ha puesto de subtítulo *(Lo que nunca sabré decirte)*. Así, renunciando entre paréntesis, como si se pusiera una venda antes de sentir la herida. Y no obstante, todo el libro es una celebración llena de sosiego, de contención, que es el modo con el que la pasión se sabe vestir cuando la ilumina una experiencia fértil.

El amor es triste porque se está despidiendo mientras ocurre: «Inútil es huir. / Inerme, suspendido / sobre el abismo de tu cuerpo, es el vértigo / del presente el que al cabo / me atrae y me domina. Este presente, / siempre ofreciendo su fingida / seguridad y siempre fugitivo». El tono es coloquial y controlado y sin embargo Guillén sabe de sobra que no tiene vuelta lo que se está dirimiendo: «El juego es a muerte. / Porque es a muerte todo / lo que ocurre entre dos cuerpos. / Porque el tacto no puede / ir más allá de la materia, / y el deseo, que la sobrepasa, / cae al vacío, y te lo digo / bordeando las simas / de la locura».

Sigue habiendo amor, en presente, pero hay también mucho amor que se ha quedado en el camino y aún chisporrotea en la memoria: «y llega un viento, llega la materia / todavía deforme de un recuerdo. / Y estás tú en ese viento». Poemas como «Momentos antes», «Quizá llovía» o «Se hizo la oscuridad» mezclan de tal manera pasión y tragedia, presente y recuerdo, mesura y desmesura que parecen escritos desde la cima de ese Everest gigante que disuade a muchos de tratar el amor. Guillén deja abierta una ruta a los escaladores, como quien no quiere la cosa.

ARTURO TENDERO

Ramiro Gairín: *Llegar aquí*
Versátiles, Huelva, 2020

«Hay de mañana un rato / en que el sol da en
todas las estancias / de la casa a la vez. / El
mismo y diferente en cada cuarto».

Ramiro Gairín (Zaragoza, 1980) acaba de publicar dos
poemarios distintos a la vez y eso, para un poeta, es
como haber tenido hijos mellizos y no saber a cuál aten-
der cuando ambos lo reclaman.

Aunque parezca tópico, conviene aclarar que los dos
libros se complementan. Uno habla de la vida real, de la
que está ocurriendo, de la relación de pareja, de los tra-
jines del trabajo, incluso de los aburrimientos. Escenas
cotidianas donde se respira intimidad y complicidad,
donde el sol de los días sale y se pone en las habitaciones
y donde la distancia no existe porque todo es cercanía:
«A ese tiempo o instante sobre el cual, / en los buenos
relatos, / no hace la gente cábalas y vive». Este primer
libro se llama *Llegar aquí* y contiene un poema de amor
muy hermoso titulado «La gata»: «La forma en que la
luz, / cuando sale a buscarte por el barrio / porque se
hace de noche, / más que tocarte, más que recomponer-
te, / contra ti se restriega y ronronea, / como una inmen-

sa gata / color ámbar que quiere / su comida o tu hueco en el sofá…».

El otro libro se llama *La ciudad que no somos*. Como en el cuento de Andersen en el que los juguetes cobran vida a medianoche, sus poemas hablan de «la ciudad que no somos, / que está cuando no hay nadie». Desde el umbral que conocemos se asoman al otro lado, que está tan cerca como lo que tardan las bombillas de bajo consumo en apagarse, o lo que puede decir una maleta vieja si uno la observa cuando está muy cansado, o lo que pasa en la niebla sin que podamos verlo, o la conversación que mantienen las iglesias de un plano. A nuestro alrededor hay mil huecos esperando que la fantasía obre su prodigio. Gairín se inspira en unos versos de Corredor-Matheos: «Amigos: / esta vida / nos oculta algo».

El poeta zaragozano dice que «queda aquí la vida, otra vez a dos metros / del partido del siglo». Y, como si fuera un conjuro, añade en otro sitio que lo que hay que aprender es «el silencio de los antiguos templos».

Arturo Tendero

Ramón Bascuñana: *Anotaciones a pie de página*

Pre-Textos, Valencia, 2023

«Resucitar un día y otro día, / vivir todas las muertes / y seguir adelante / recorriendo las calles del presente / que es un laberinto / del cual no escapa nadie».

Anotaciones a pie de página es el 22.º poemario de Ramón Bascuñana (Alicante, 1963), lo que indica que estamos ante un autor muy prolífico. La mayor parte de sus libros se publicaron porque obtuvieron premios literarios, y este también, en concreto el Juan Gil-Albert. Corre el riesgo de que lo descartemos por el prejuicio que imponen estos antecedentes, y sería un error.

Se trata de un libro muy serio desde el concepto, que viene descrito en el título: cada uno de los 44 poemas que lo componen está encabezado por una cita de otro autor, y, agrupadas a pie de página, como si fueran las versiones originales de una traducción, dialogan con la cita. A veces para reflexionar sobre el acto creativo: «Quizás por eso escribo / versos que hablan / de mí mismo como si fuese otro. / Alguien a quien detesto / porque es un cobarde / que se esconde detrás de las palabras». Otras veces introducen pistas sobre el proceso de escritura: encarecen el azar, la impremeditación con que escribe el poeta, un cierto malditismo: «hay algo indigno en cada verso, / como esos restos de tinta en las manos / después de cada crimen».

Al final, lo que nos importa, la vida, acaba filtrándose y dejando testimonios significativos: «porque el amor es siempre, / aunque no lo parezca, / un acto solitario», «vivir es adictivo. La vida es una droga», «nadie pasa dos veces por el mismo minuto», «el silencio, una forma del canto / cuando el canto se agota».

Los conceptos de soledad y fracaso revolotean sobre el conjunto, aunque Bascuñana consigue que no terminen posándose y estableciendo un borrón de patetismo. Se ayuda del clima de reflexión y de diálogo que ha establecido en la estructura. Escribir es su tabla salvadora y por eso le atribuye tanta importancia: «la fe levanta templos. / Tan solo las palabras los sostienen». «Desde mi soledad, / la única que importa, / porque incluye a las otras, / esculpo este poema».

En *El mundanal ruido* también aparecieron reseñas de los libros *6 seis 6* y *El dueño del fracaso*, del mismo autor.

Arturo Tendero

Raquel Lanseros: *Matria*
Visor, Madrid, 2018

«Yo no soy más que tierra y me quedo en la tierra. / Así de irremediable: ni la vista concibe ni el lenguaje captura. / Pero hay algo sin sombra ni adjetivos / que arde dentro de mí como un beso del mar».

Raquel Lanseros, jerezana de nacimiento (1973), gallega de origen, madrileña de residencia, viajera por las Américas, ensancha su geografía con este poemario que ha titulado *Matria*. No es la primera vez que nombra un poemario con un neologismo. Antes lo hizo con *Croniria*.

A Lanseros le gusta experimentar: introduce un poema desmembrado en homenaje a Europa, un par de piezas que ha escrito en inglés (idioma del que ha sido profesora), algún soneto tradicional, también un poema policiaco que ha titulado «Cuatro dedos». Por otro lado, es una artista comprometida y ofrece su voz a causas como la de los refugiados, los oprimidos de América o la lucha por la igualdad de las mujeres: «Dejemos de una vez los disimulos. / Ya no estamos a tiempo de tener un pasado glorioso. / Pero todo el futuro seguirá agonizando / hasta que no sea suyo lo que les pertenece».

También renueva el machadiano problema de las dos Españas: «Fue en España donde mi generación aprendió / que una guerra también puede perderse / mucho antes de nacer». Se mira en la inocencia de los perros: «Observan el mundo / con ese candor épico de la primera vez. / Celebran el instante / lo eternizan». Y, aunque menos que en anteriores libros, alude también a nuestro maltratado planeta: «Sólo puedo decir que llega un día / inesperado y áspero / en que las viejas fuentes ya no sirven / para saciar la sed».

Cuando se recoge en lo lírico, lo que le preocupa a Lanseros es el tiempo y sus paradojas: juntar el nacimiento y la muerte, la niñez y la vejez, el principio y el fin, el origen y el destierro: «la anciana que seré me quiere más que yo». En esa línea avanzan algunos de los poemas más evocadores del libro, como «Dentro de hace cuatrocientos años» o «La sobrecogedora brevedad», que cabe en tres versos: «El sollozante bebé recién nacido / y sus inconsolables hijos en su entierro. / ¿No oyes cómo es un llanto simultáneo?».

Matria recibió el Premio Nacional de la Crítica y el Andalucía de la Crítica en 2019.

Rodrigo Olay: *Saltar la hoguera*
Hiperión, Madrid, 2019

«Quién hubiera supuesto que aquí estabas, / tan lejos de mi lengua y de los míos, / esperándome tú, / serenidad».

Hermoso título el del tercer poemario de Rodrigo Olay (Noreña, 1989), que remite a esos lances de la noche de San Juan en que los mozos saltan sobre el fuego para purificarse. En la lectura asistimos a un salto similar. Arranca Olay encorsetado por la forma, concentrado en cumplir con los imperativos del soneto. Y es solo cuando olvida esta obligación, cuando se suelta a la vida (que es cuando el lector piensa en rendirse), cuando instala su propia manera de decir.

Muchas veces, en poesía, la manera de decir, la voz, es tan importante como lo que se dice. Es el caso. A partir, más o menos, de «Cours de la somme», nos engancha la calidez con que un poeta joven, pero muy viajado, mezcla con sabiduría sus experiencias amorosas con los paisajes lejanos y los recuerdos de niño, los homenajes a personas de la familia o tan cercanas que merecen serlo: «Por qué es esta manzana que ya acabo / la misma que apañó / junto al pozo mi abuelo Ringo un día / y mi abuela

Jovita fue cortándome. // Por qué si soy feliz / se me empañan los ojos solamente / con recordar sus nombres».

El dominio de la forma sigue ahí, pero importa mucho menos, porque lo que nos captura es la idea poética, bien elegida, y el cauce prosódico que nos guía de la mano hasta el cuidado final: «Pájaro innominado, suave voz / de este lado del sueño, gracias, porque / desde esa tu enramada del acorde / cordial, / desde el sembrado de la luz que viertes, / me has silbado al oído este poema». Participamos del canto de ese pájaro y del reino blanco que inaugura la nevada y de los hermanos, que se convierten de pronto en todos los hermanos, incluso de quien no los tiene. Compartimos además los lances de poeta «por Europa, ligeros de equipaje / vendimiando los campus, / limpios como soldados de alguna causa cierta / que partieran de casa susurrando / una oración de Horacio / y custodiasen / el silencio de un bosque tras los ojos. // Qué buscábamos, dime. No. Qué importa. / Sin duda lo encontramos».

Arturo Tendero

Roger Wolfe: *La poesía es un arma apuntando al corazón*

Aguilar, Barcelona, 2019

«Bueno, así es la vida. // Un día entras
esposado / por una puerta y al siguiente / entras
por otra / para desposarte: // dos maneras / no
tan diferentes / de hacer justicia».

Roger Wolfe (Westerham, 1962) sorprendió desde muy joven con una poesía pendenciera que rompió con las buenas formas tradicionales de la literatura española y lo visibilizó rápidamente. Nacido en Reino Unido, ha vivido en España desde la más tierna infancia, por lo que domina perfectamente el castellano, pero sigue siendo (o al menos seguía siendo, hasta donde yo sé) ciudadano británico.

El conocimiento del inglés le permitió asimilar y españolizar el realismo sucio encarnado por Bukowski (hay otros, pero su conexión principal fue con Bukowski). Hiló sus poemas con frases cortas, rotundas, descriptivas, de pocos verbos, donde aparecían muchos cigarros y latas de cerveza, vomitonas y alguna pistola, en medio del hervidero de la ciudad donde la intimidad se diluía entre los tabiques vecinales. Sus poemas siempre han sido conceptuales, y en su primera época solían girar en torno a una idea generalmente nihilista, tremendista, pesimista.

Dado el modo en que se ha expandido la poesía directa entre los jóvenes, estaba tardando ya en aparecer una antología de aquella poesía tan impactante de Wolfe: «La cosa es muy sencilla, en realidad. / Coges y agarras / una borrachera de dos días / y al tercero resucitas / de debajo de una pila / de desechos, sudor rancio, / sangre coagulada y heridas sin cicatrizar». Es oportuna, desde el punto de vista comercial, pero no es la primera. Ya hubo otra antología, más amplia incluso y más equilibrada, que por cierto espigó Karmelo Iribarren, que se llamó *Días sin pan* (Renacimiento, 2007). Sería conveniente que los jóvenes a quienes ahora deslumbre la desinhibición del joven Wolfe echen un vistazo más adelante a libros como *Gran esperanza un tiempo* (Renacimiento, 2013), ninguno de cuyos poemas figura en la presente antología, quizá porque aquel desasosiego tan ruidoso dejó paso a una poesía también irreverente, pero menos desatada y por lo tanto más efectiva.

En *El mundanal ruido* también apareció reseña de *Gran esperanza un tiempo*, del mismo autor.

ARTURO TENDERO

Rubén Martín Díaz: *Un tigre se aleja*
Renacimiento, Sevilla, 2021

«Y ese amor de apretar / mucho los párpados //
para ver con el alma / lo que el cuerpo no deja».

El tigre que se marcha en el título de Rubén Martín Díaz
(Albacete, 1980) es la juventud febril, un modo de con-
cebir la vida que tiene caducidad. Si la poesía de Martín
Díaz siempre ha sido contemplativa, en este nuevo poe-
mario incrementa el tono reflexivo, se aferra a una cita
de Roberto Juarroz para indagar buscando «el espacio
de lo imposible que es también a veces el espacio de lo
indecible». No le interesa tanto la naturaleza que está a
la vista, como la que se presiente: «quisiera dibujar las
formas vivas / del humo». En «Árbol ausente» se propo-
ne «Alejarme de todo y, en lo oscuro, / sentir la dimen-
sión profunda de las hojas / abrazándome el alma».

Lo que el poeta está buscando todo el tiempo es escla-
recer su identidad, saber quién es, en la dimensión más
profunda del ser, y presiente que para llegar a ese conoci-
miento no le basta con mirarse en los espejos, tiene que
disolverse literalmente en las cosas queridas, en el abrazo
con el hijo: «en tu abrazo me olvido de mi cuerpo. / No
hay nada más hermoso que borrarse / como un recuerdo

que se deja ir / en el momento en que otro lo sucede». Se trata de «mirar desde la ausencia / de nosotros, / desde el hueco imposible / de los cuerpos / que amamos».

Aquella juventud gloriosa, festera, desorbitada, que para Martín Díaz se concentra en el símbolo del tigre, está tan lejos ya que ya no es: «Te quedas como niebla en la memoria / después del sueño, / justo antes de asumir que no eres cierta, / que ya no es el invierno / como entonces, / que ya jamás / seremos». «La memoria es un vaso / lleno de agua con gas», se dice a sí mismo, y vuelve al propósito de disolverse para encontrarse: «Intenta pronunciarte sin describir tu imagen / (...) y esa nada que queda quizás pueda explicarte». *Un tigre se aleja* es un libro indagatorio sin salirse de lo cotidiano, sin perderse en raras honduras. Quizá lo más exótico sea ese tigre que, en el último verso, el que cierra el poemario, el poeta ve alejarse lentamente desde la ventana.

En *El mundanal ruido* también aparecieron reseñas de los libros *Fracturas* y *Lírica industrial*, del mismo autor.

Sandra Sánchez: *Una manzana en la nevera*

Piediciones, Guadalajara, 2017

«Las metas siempre tienden a infinito. // En la orilla del mar, / la perpetua cadencia de las olas / no se dará jamás por satisfecha».

Si nos guiamos por la solapa, *Una manzana en la nevera* es el primer poemario exento que publica, ella sola, firmado con su nombre, Sandra Sánchez (Oviedo, 1971). Antes con poemas sueltos ha sido finalista en varios certámenes, ha ganado concursos de microrrelatos y ha publicado en antologías compartidas. No es raro por tanto que haya puesto en este libro, de sugerente título, toda su munición.

Es, como no podría ser de otra manera, un volumen muy desigual, en el que aparecen ecos de poetas con los que ha ido conformando su voz propia: suena Bécquer y suena Cernuda y hasta me parece que se oye por ahí Iribarren, o un epígono de Iribarren, e incluso suenan parapoetas de la generación Internet. Le falta camino por andar a Sánchez, tiene que afinar la métrica para que sus versos fluyan y sobre todo deslindar en su creación lo que es suyo de lo que es prestado o sirve para copla de una carpeta de instituto pero no para quedarse en la memoria de lectores avezados.

Y, no obstante, no hubiera dicho todo lo anterior, no hubiera dicho nada, ¿para qué?, si no me pareciese que en este libro hay ya poemas hechos, poemas que resuenan y se quedan. Están diseminados en el libro. Está el prospector «Cuánto», en el que va a buscarse a sí misma más allá de la memoria, en la génesis del mundo: «Cuánto ha de quedar aún en mí / del tiempo que no vuelve, / cuántos de los pretéritos segundos / se me han de incrustar aún en cada poro / como ácaros». Está el poema «¿A qué hueles?», lleno de amor y de hondura cotidiana. Está el poema «La perpetua cadencia», apasionado, cernudiano, pero ya en la voz hecha de su autora. Y el estremecedor «Bajo la lluvia», pleno de compasiva tibieza.

En fin, hay otros ingenios conseguidos («Antro-pofagia», «Resaca», «Tus tequieros»), mezclados con aforismos («le es más fácil ahogarse en medio vaso / a quien lo ve medio vacío») y algún haiku («En la estación / los sueños del mendigo / pasan de largo»).

Sandra Santana: *La parte blanda*

Pre-Textos, Valencia, 2022

«Y aquí se habla / del valor de lo que / nunca se deja poseer / del todo. Del hambre / que os hace querer / volver a devorar / lo eterno».

La poesía de Sandra Santana (Madrid, 1978) es minimalista en la forma, aflora en poemas breves, con versos de arte menor, sincopados. Es una de esas poesías que necesitan sugerir para no resultar insuficientes, decepcionantes. El modo con que Santana consigue que trascienda su escritura es depositar en el pensamiento una semilla que no estalla al leerla, sino con un cierto retardo, aunque sean unas décimas de segundo: «sin memoria, / el ritual / es casi tan viejo / como la misma tierra».

Como si dibujara formas con humo, la poesía de Santana nos habla de un legado que estamos compartiendo, que no se sabe bien qué es, pero que existe, que ha llegado hasta nosotros perpetuándose a través de las generaciones, y está escapándose antes de ser atrapado. La poeta lo persigue con los silencios, con las alusiones enigmáticas: «Pensad en los barcos / que vinieron de Chipre: / aquellas telas / donde imaginaron / los antiguos».

Ese legado está en el cuerpo, y más especialmente en el cuerpo de la mujer: «como una herencia antigua, / como un molusco sin concha // os ofrecéis las flores / de mi carne / con ternura // —un corte / rosado y blando». Pero lo que está nombrando Santana va más allá, tiene un componente social, ideológico que, a pesar de moverse en el umbral de las ideas, cala en los sentimientos. Protesta porque estamos descontextualizando sustancias que hasta hace poco tenían un valor secreto, aunque no tuvieran precio. La gente llena los templos, pero la voz de los dioses resuena como un tintineo de monedas. Y la piedra que robamos al río es decepcionante cuando nos la llevamos a casa en el bolsillo porque «no guarda la luz momentánea / de la tarde, el brillo irisado del paisaje / sobre la superficie del agua». Si lo pensamos bien, ¿qué nos queda entonces? Y la poeta responde: «Mirad, abrid la mano. / Mirad la mano que / se adelanta / al barro con su forma / de cuenco. // Es lo único que / verdaderamente / os pertenece».

ARTURO TENDERO

Sandro Luna: *El monstruo de las galletas*
Hiperión, Madrid, 2020

«Dirige mi deriva / el corazón de un niño. // Me da la vida un monstruo».

Solemos otorgar poca importancia al orden de los poemas de un libro y sin embargo a veces es crucial porque marca toda la lectura. Como en *El monstruo de las galletas,* de Sandro Luna (L'Hospitalet de Llobregat, 1978). Las dos primeras piezas nos hablan de una niña, su hija, con la que conversa, a la que describe («yo le digo a mi hija que el aire no se coge / porque es ofrecimiento, / y que la luz se da y nos recibe / en la misma medida / en la que nosotros damos lo que es nuestro»).

A partir de entonces seguimos leyendo en esa clave infantil: las apariencias, las antítesis, las paradojas, tienen algo de juego, aunque nos estén hablando de algo dramático, del amor y la muerte, las dos caras de esta moneda que es la vida: «Quien ha sabido amar tendrá su premio: / también vendrá la muerte a desnudarle».

El título mismo de *El monstruo de las galletas*, parece remitirnos a la broma de un programa para niños. Y sin embargo es este un libro doliente, donde hay tristeza y muerte columpiándose sola, aunque sea una muerte un poco naíf, de atrezo: «ya no se mueve nada, / ni el columpio del parque // Y sigo aquí de pie, / junto a mi tumba». En otro momento, «cierro los ojos, / me afeita / la mirada una lágrima». Y, cuando no hay más remedio que personificar la muerte en alguien concreto, mejor hacerlo con el perro Dylan, en «Ladridos en el laberinto», uno de los poemas destacados, que dice entre otras cosas: «en esa arena está lo que más amo, / lo que me da más miedo, / ese sitio al que llegas sólo huyendo / y al que sólo, al huir, puedes llegar».

Otro de los poemas que destacaría es «Pellizco», que concentra en una cerilla «la magnitud del fuego» y sentencia que «ningún sol es pequeño». Luna se asoma casi con lupa a mirar esa cerilla, los dibujos infantiles, las manos, el niño durmiendo. Es el suyo un mundo de primerísimos planos, de certezas en las que conviene concentrarse porque son lo que de verdad merece la pena, lo que exorciza toda la tragedia de vivir: «es hermoso temblar / así de cerca».

En *El mundanal ruido* también apareció reseña de *Fuego de san Telmo*, del mismo autor.

ARTURO TENDERO

Sergio Navarro: *Una imagen imposible*
Pre-Textos, Valencia, 2018

«Cuando en medio del bosque / la muerte
te pregunte a dónde vas, / ya sabes la
respuesta: / siempre se va a la casa de la abuela».

A pesar de su juventud, Sergio Navarro (Marbella,1992)
ha encontrado la intensidad de estar solo y sabe trans-
mitirla. El final de una fiesta, cuando ya los ecos se han
desperdigado y unas palomas se disputan las sobras,
o los momentos en los que está ausente el amor, y sin
embargo uno puede saborearlo, o la playa en invierno,
donde las mesas vacías de los chiringuitos nos hablan de
la pérdida: «Hay suficiente soledad en esta cala desierta
para que quepan / en ella Dios y mi alma. // Pero en-
cuentro tan solo / estas mesas vacías / de un par de chi-
ringuitos en invierno, / donde se sientan / inconsolables
grupos de tristeza».

Navarro se siente sobre todo buscador de belleza, y
compara la necesidad de encontrarla con la necesidad
física de beber: «No te agobie la sed. / Es la huella del
agua». Este poeta es un buen observador, ve a un ancia-
no debatirse en los sótanos del metro para que su acor-
deón suene más fuerte que el estrépito reinante y lo salva

en sus versos, o se fija en que el niño en brazos de su madre no atiende a la herida, sino que mira al infinito cuando llora. Y encuentra paralelismos, entre la muerte sin créditos del cine y la muerte real, entre la muerte real y el monstruo que creíamos oculto debajo de la cama cuando éramos pequeños.

Todas las imágenes apuntan a esa muerte: «Como la flecha tensa sobre el arco, / que mide la profundidad del vuelo, / en la vía reposa un tren. / Sobre la precisión de los raíles, / su filo se hundirá en el horizonte. // Esta quietud también es dirección». En la tensión entre la belleza y la muerte, Navarro sabe encontrar el modo de pararse en una tarde y hacer que merezca la pena mirar: «Lentamente anochece. Uno podría describir con dramatismo / o tristeza este atardecer: / que el sol que cae es más bello, / que la luz huye a otras tierras, / que el aire es frío y silencioso. // Pero hoy las horas pasan humildemente. La hermosura de la noche reemplaza a la del día. // Sólo en el tiempo ocurre la belleza».

Arturo Tendero

SILVIA ABAD MONTOLIÚ: *LA BOCA CONTRA EL CANTO*

Dilema, Madrid, 2024

«Tu ausencia araña como el hambre, / pero esta carne es de verdad / y aún es mía».

En su tercer poemario, Silvia Abad Montoliú (Valencia, 1995) ensambla imágenes sin relación aparente para que el espectador hile una historia. Un procedimiento que usaron Huidobro o Juan Larrea y que se emplea mucho en microrrelatos. Requiere instinto y sutileza para que la aparente arbitrariedad de las imágenes encuentre un hilo conductor.

Abad Montoliú facilita que sus historias convoquen chispazos emocionales porque además tiene el instinto del ritmo, del que carecen otros practicantes de este método. El centro magnético más recurrente en su poemario es la casa, a la que dedica un poema neurálgico: «La casa es pequeña…» (los poemas no llevan título): «mi casa no se hizo / para otra cosa que para ser casa: / para que vivieran dentro viejos, / para que se hicieran dentro niños». La casa es el lugar de los recuerdos: «sigo dormida en la sala de juegos / en la que me encerré de niña / para llorar a oscuras».

La casa es también una prolongación de las relaciones: «abres una galería hacia el centro, / como una puerta que aún no habíamos visto / en nuestra casa». A su vez, las relaciones se materializan en el cuerpo: «mi espera es una lengua seca, / un pájaro acartonado / en el suelo de la cocina». Los poemas de amor mezclan la sorpresa y la sensualidad: «su carne fue cierta. Su carne / tierna templada sobre mi cuerpo / era cierta».

También hay ciertos momentos en que la pareja ha de separarse tras el amor: «en mis manos se derrite la nieve. / En su hogar, él todavía no ha llegado». A partir de este hilo se desarrollan otros temas como la maternidad cumplida («madre soy porque di mi leche; / bebieron de mí hasta hartarse, / hasta quedar llenos de mí / y yo de ellos») o la maternidad frustrada («He perdido la cuenta de los hijos / que se me han muerto dentro. // Pinto rosas marchitas / con sus cadáveres azules»).

Hay muchos temas más que no caben aquí y es mejor que descubra por sí mismo el lector, pero para resumirlos está el final del libro: «Limpiemos pues esta casa de todo rastro, / de todo amor, de toda palabra».

Susana Benet: *Falsa primavera*
Libros Cal y Canto, Jerez, 2021

«La trama está servida y el destino / fijado de antemano. / El tiempo que me otorgan es tan breve / que incita a la codicia».

La valenciana Susana Benet (1950) inició con *Faro del bosque* en 2006 una sucesión de colecciones de haikus que la convirtieron en una de las más aclamadas especialistas españolas en el género. Luego, poco a poco, fue adentrándose en la poesía convencional con *La durmiente* (2013) y *Don de la noche* (2018). Sus poemas y sus haikus comparten su mirada minuciosa, su amor por las cosas pequeñas, su condición urbana. A menudo Benet nos sorprende con contrastes dramáticos en los que solo alguien con su entrenamiento y sensibilidad parece fijarse, como esa flor púrpura que es «tan pequeña y humilde y, sin embargo, / al fondo del abismo, el poderoso mar, / tendiéndose a sus pies, / con su elevado canto la acompaña».

En este *Falsa primavera*, Benet profundiza en un tema que ya estaba presente en su obra, pero de forma atenuada: la sensación de que el tiempo se acorta y que el destino empuja inapelable. Es primavera, pero no del todo. «Por mucho que me esfuerce, / no encontraré la calma / de la que fui arrojada, ni podré / silenciar tantas voces / que conmigo, esta noche, han despertado». Consigue sobreponerse, salvarse y salvarnos a los lectores con una habilidad que nos recuerda la de su maestro José Luis Parra, una influencia privilegiada: «Qué despacio regresan / a las ramas / las incipientes hojas, / las diminutas flores. // Y cómo crece entonces / de pronto, en mi interior, / la rara flor / de la alegría».

Su voz de mujer tiene sin embargo un timbre personalísimo que resalta las flores del jardín y nos devuelve vívida la infancia: «saltando charcos / voy al colegio y vuelvo / saltando charcos». También en el poema «Y cada noche». Conviene además leer, por antológico, el poema titulado «Madre», un canto a la vida que junta tres generaciones en unas pocas palabras. «No puedo ver su rostro, / pero sé que posee / el rostro de las madres / pacientes, que se inclinan / como se inclina el árbol / al sostener sus frutos».

En *El mundanal ruido* también aparecieron reseñas de los libros *La durmiente, La enredadera, Don de la noche, Amiga de la calma* y *Alma de caracol*, de la misma autora.

ARTURO TENDERO

Teo Serna: *El azogue y la plata*
Mahalta, Ciudad Real, 2023

«La palabra quiere ser piedra. Arrojo la palabra y rebosa en algún lugar, fuera de mí».

Teo Serna (Manzanares, 1954) es tan poeta como pintor, o tan pintor como poeta. Y ambas disciplinas se alimentan mutuamente. En su poesía busca lo matérico. En libros anteriores fueron las piedras y los dioses griegos. El libro recién aparecido se titula *El azogue y la plata*, que son las materias que componen los espejos, aunque viene corregido por una cita elocuente de Rafael Pérez Estrada: «El espejo es una invitación a la resurrección del pasado. / Antes del invento del espejo la realidad era una».

El libro, en conclusión, nos habla de los elementos que ya estaban: nos habla del agua, nos habla del aire: «fue entonces cuando supe que nada pesa, / que todo es levedad / y que el aire es un país que me contiene, / como me contuvieron las manos blancas / de mi madre». Nos habla del fuego: «hay una hoguera que quema lo oscuro: / en las cenizas que deja, meto mis dedos / para escribir / y los lavo luego en una copa de luz / encendida». Nos habla de las piedras: «Dicen la verdad, las piedras. / Esas que señalan la distancia en los caminos, / las que sujetan los altos techos / de los palacios, / las que cierran las tumbas».

Pero los elementos están vinculados por seres, por el árbol que busca el agua en lo profundo «y no sabe que él es lo profundo», el pájaro que viene de lejos y bebe en el charco «lo poco que de mí / queda en él», nos habla de la luz que quema «con brasas de sombra». Los animales que aparecen llevan una carga elemental: «la noche huyendo de sí misma / es un gato sutil que avanza / por los tejados borrados del paisaje»; en otro, «un perro cruza, / arrastrando el abandono, la tristeza del mundo». Y, a su vez, todo está recogido y vinculado por la mirada que «construye el pecado, / porque lo mirado se pudre, / infecta la tierra y las nubes, / hace imposible la inocencia». El hombre mira, pero el cielo lo sobrepasa, «mira sin pasión la tierra violeta, / el agua putrefacta de los charcos, / las antiguas pisadas de los bueyes, / la memoria de tantos hombres muertos».

ARTURO TENDERO

Vega Cerezo: *Los primeros fríos*
Páramo, Valladolid, 2024

> «La infancia y luego / no supimos, no
> pudimos, / no alcanzamos a sostener ese
> esplendor».

La añoranza de la infancia es uno de los temas que ver-
tebran *Los primeros fríos* de Vega Cerezo (Murcia, 1970).
No es el único, pero es un punto de partida vigoroso
porque está pujante: «Mi casa tenía un océano cristali-
no, / tres infiernos y un balcón estrecho / donde un cana-
rio enjaulado piaba / infatigable por su libertad». Resulta
doloroso remembrar aquel tiempo: «no puedo decir in-
fancia sin emoción / ni daño». Vega Cerezo lo vive como
una derrota, lo reconoce en «Crecer» y lo desarrolla en
poemas narrativos y sueltos, desmelenados algunos, lo
que les cuadra bien porque persiguen la libertad como
aquel canario que silbaba en el balcón y como los perros
que oye ladrar con desconsuelo en las fincas, en medio
de una soledad inmensa: «guardan una tierra que les
pertenecía antes de nosotros. // No se puede gritar más
alto un dolor. / Pero sabedlo, yo os escucho».

Esta pulsión de libertad es el otro gran tema. Lo
propaga en versos desiguales, herederos del *Aullido* de

Ginsberg. Alcanzan su apogeo en «Catorce de enero de mil novecientos ochentaiséis», una oda a la adolescencia: «venerábamos cualquier desobediencia / (…) Tan solo teníamos que nombrar la felicidad y después, / devorarla / como los deslumbrantes cachorros del progreso que éramos. / (…) Fuimos la tormenta más hermosa de la ciudad».

Aquel esplendor ha dejado paso a este tiempo en que todo se comprende: «me lo pregunté durante años y finalmente / entendí que no había respuesta. / Que, a veces, nadie tiene la culpa». Se comprende, se apaga y se convierte en distancia e incomunicación: «mi madre es una esquimal, / vive en la Antártida, / tan lejos. / Ya no alcanzo a abrazarla». Le ayuda a resistir, sin embargo, el amor, que desvela en «La indiscreción»: «Nadie amará a un padre con la pasión / con la que tú amaste al tuyo. Ni guardará su olor / como tú guardas el suyo. Me conmueve / el rastro de ternura que una vida dejó en la otra. / Voy a nombrar a tu padre en este poema: / Ángel Rubio Zori, el hombre / que inventó a mi hombre».

Verónica Aranda: *La rosa contra el lino*

Polibea, Madrid, 2023

«Esta es tu poética, viajero. / No dudes en los cruces de caminos. / Demora tu regreso varios años».

Verónica Aranda (Madrid, 1982) hace balance de los 14 poemarios que ha publicado hasta la fecha con esta antología que tiene la virtud de resultar abarcable, a pesar de la enorme prolificidad de la autora. El título propone un equilibrio entre lo efímero de la rosa y lo duradero del lino. En el prólogo, Juan José Martín Ramos nos advierte de que Aranda no es una poeta-viajera ni una viajera-poeta, porque a la vivencia del viaje antepone su mundo interior.

Lo cierto es que tanto los títulos de sus libros como los ambientes y los temas de sus poemas retratan a una mujer cosmopolita que se resiste a una rutina que no sea itinerante: «compro dos amuletos y me invade / el miedo irracional a los regresos / y a los salteadores de caminos». Es curioso que el prologuista y yo destaquemos los mismos versos con conclusiones diferentes: «la vida sedentaria / es un círculo lleno de alacranes». Dice

Aranda también que «El viaje nos libera o puede condenarnos».

Si nos atenemos a sus poemas, viajar le sirve para escapar de sí misma, como le ocurre en «Teherán» y confundirse con el anonimato de la lluvia. La lleva a lugares inhóspitos, donde espera la llegada de la persona amada «en una plaza hostil frente a unos cines» o «en desórdenes de puertos, / a bordo del azar de los tranvías», siempre en «ciudades a destiempo», siempre «fugitiva del amor», sacrificando «los besos más furtivos» por subirse a trenes «de destinos maléficos».

Cuando al fin se detiene, lo hace en lugares sensuales y exóticos, donde experimenta el vértigo de la fugacidad: «Desperté en Khajuraho / y escancié la mañana en una copa / de la que solo quedan los cristales». Aranda es también aventurera del lenguaje, en soporte habitualmente narrativo, con ligera inclinación a lo oriental. Acumula tres libros de haikus, un género en el que se mueve con soltura. Un ejemplo: «cuarto creciente. / Dando la espalda al río, / dices mi nombre».

Suele escribir en rincones donde la duda «siempre acaba por ser politeísta».

En *El mundanal ruido* también aparecieron reseñas de los libros *Dibujar una isla* y *Humo de té*, de la misma autora.

VERÓNICA HERNÁNDEZ JORGE:
INSTANTÁNEO
La Siesta del Lobo, Albacete, 2023

«Vuelvo a mirarme / y ya aparece en mí / lo que antes / veía en los demás, el tiempo».

En este mundo de grandilocuencias donde muchas veces la humildad es una grandilocuencia impostada, choca encontrar una voz que no pretende ser más que lo que es, que se mueve en la frontera de lo naíf porque es lo que conoce y por eso mismo suena auténtica: «barro la calle / con el recogimiento / de un monje en su oración. / Me busco / en las tareas cotidianas / y soy feliz».

Si nos atenemos a las anécdotas biográficas, Verónica Hernández Jorge (Puerto del Rosario, 1963) se sentó a estudiar una mañana y la luz de abril entró por la ventana, traspasándola hasta el punto de insuflarle ese estado de ánimo que se requiere para escribir poesía: «regresaría / siempre / a este lugar / donde aclarar / mis sueños». Y así, bajo el paraguas ambiguo del título, *Instantáneo*, Hernández empezó a formular propósitos: vivir para el recuerdo, bañarse mil veces en el mar, jugar sin plantearse por primera vez si está bien lo que piensa, dice o hace. Y engranó esos propósitos en otros más elementales, como pertenecer a un lugar: «gracias a mi vecina / me siento de un lugar, / el mismo que ella». O, en otro momento: «será por ese instinto / de formar parte / de algo. / De lo que sea».

Un mundo siempre expresado en poemas breves, versos estilizados y finales anticlimáticos. Una técnica que, usada con el tacto preciso, acentúa la sencillez sin hacerse notar. El asombro por los pequeños descubrimientos cotidianos es otra de las vetas del libro: desde los efectos que causa la luz hasta la coincidencia de «pensar en muertos / y sentirlos tan cerca / que, si alargas la mano, / los tocarías». Por supuesto, también descubrir que el tiempo pasa y altera las cosas que parecían permanentes: faltan vecinos con los que coincidía en el mercadillo, falta el bullicio de las fotografías: «A dónde fueron todos / los asistentes, / sus risas, sus poses, / lo que diferencia / ese día / de cualquier otro / de, por ejemplo, este». Es como echar una foto: «enfocas, / y al disparar / ya lo presientes: todo / se convierte en pasado».

ARTURO TENDERO

Vicente Gallego: *Un gramo menos*
Editorial Milenio, Lleida, 2020

«Le quita un gramo / al peso de este mundo / la mariposa».

En cada libro que sucedía al anterior, Vicente Gallego (Valencia, 1963) ha ido descargando sus poemas del peso de la retórica. Los ha ido destilando hasta que eran solo canto, solo silencio y unas pocas palabras. Tenían que desembocar en el haiku, y lo han terminado haciendo en este libro, ligero como una mariposa, con el que se estrena, de paso, la editorial catalana Milenio. Bienvenida.

Ha desembocado Vicente Gallego en el haiku sin dejar de ser Vicente Gallego, que ya es difícil, pues sabemos que esta estrofa de origen japonés, cuando es pura, se aferra a su germen budista y requiere la disolución del poeta en lo que observa. Nosotros reconocemos a Gallego sin perder de vista esa mariposa que aligera el mundo o la elegancia de las urracas o elementos arquitectónicos que son ya naturaleza: «Puente de piedra, / muerde el tiempo tu ser, / no tu misterio». Reconocemos al poeta, que hemos leído tanto, cuando mira en la trastienda del bullicio y rescata las camisas tendidas que el viento saquea, la paloma que anda perdida entre la gente, las farolas del extrarradio, las televisiones ajenas a la luna, los «balcones viejos / con no sé qué alegría / de unas hortensias».

El haiku exige humanidad, y a Gallego le duele la mano tendida de la pordiosera a la que no han dado monedas, o la anciana a la que cuentan las vueltas en la palma, o los viejos que juegan con temblor a los naipes. Son detalles que captura un poeta que anda atento a los desapercibidos y a las tareas nimias, como tirar del cable del tendedero y encontrar la aurora, o regar las plantas, o lamer el dedo herido por las zarzas. Es importante sentir cada instante, apurar los plazos: «Deja que reine / —no prendas aún la luz— / la noche en casa». Gallego rescata el tiempo envuelto en sensaciones casi insignificantes, como el olor de las castañas o el silbo del afilador; sabe que «ese columpio, / vacío y oxidado, / fue nuestro trono». Hay que entrenar la mirada, pero también, y sobre todo, saber decirlo en tres versos: «¿Qué edad tenemos / antes de recordar / qué edad tenemos?».

En *El mundanal ruido* también aparecieron reseñas de los libros *Ser el canto* y *A pájaros y migas*, del mismo autor.

ARTURO TENDERO

Arturo Tendero nació en Albacete en 1961 y reside en Chinchilla. Estudió Periodismo y Teatro y durante más de treinta años ha sido profesor de Educación Física. Él dice que su actividad se resume en que es «un contador de historias».

Como poeta ha publicado *Una senda de aldeas cotidianas* (Diputación de Albacete, 1991), *Las aves sin dueño* (La Siesta del Lobo, 2000), *Adelántate a toda despedida* (Pre-Textos, 2005), *La memoria del visionario* (Visor, 2006), *Cosas que apenas pasan* (Hiperión, 2008), *Alguien queda* (Renacimiento, 2013), *El otro ser* (La Isla de Siltolá, 2018), *El principio del vuelo* (Páramo, 2022), *A todo esto* (Pre-Textos, 2023). En este género ha obtenido, entre otros galardones y reconocimientos, los premios Jaén, Gerardo Diego, Manuel Alcántara o José Agustín Goytisolo.

Aparte ha publicado libros de relatos (*La hora más peligrosa del día*) y de artículos periodísticos (*Chinchilla mon amour*), de viajes (*Viaje a Nemiña y a la Castilla mística*) y ha estrenado y publicado varias obras teatrales (*El mercader de Venecia —versión libre—, Un café bien cargado, Padres putativos* y *La priora*). Ha ejercitado la crítica literaria, últimamente en *InfoLibre, La Tribuna de Albacete* y el blog *El mundanal ruido*.

Cofundó con Juanjo Jiménez la revista *La Siesta del Lobo*, de la que han aparecido veinte números y que ha publicado también medio centenar de libros. Desde 2001 organiza las jornadas Poesía Viva, ahora en las primaveras de Albacete.

Más información en http://aarturotendero.blogspot.com/.

Todas las er$_f$atas de este libro
han sido colocadas estratégicamente.